Aus der Reihe **Was tun bei ...** sind außerdem lieferbar:

66801 Angst um den Job
66802 Bankenärger
66803 Urlaubsfrust
66804 Schulden
66805 Ärger mit dem Finanzamt
66806 Mieterhöhung
66807 Arbeitslosigkeit
66808 Streit um Mietnebenkosten
66809 Scheidung
66812 Erbschaftsangelegenheiten
66813 Krach mit dem Nachbarn

Über den Herausgeber:

Heinz-Wilhelm Vogel ist Rechtsanwalt in Hamburg. Von 1976 bis 1982 war er beim HAMBURGER ABENDBLATT fester freier Mitarbeiter. Seit 1986 veröffentlicht er regelmäßig in Pressediensten sowie Zeitschriften, seit 1988 außerdem in mehreren Loseblattwerken. Als Fachautor hat er sich vor allem mit Ratgebern zu Themen aus dem Immobilien-, Steuer-, Arbeits- und Verbraucherrecht einen Namen gemacht. Im Großraum Hamburg veranstaltet er auch Seminare und Kurse.

Was tun bei...

H.-W. Vogel (Hrsg.)

Mobbing

Psychoterror am Arbeitsplatz
Ursachen · Folgen · Auswege

von
Andreas Walter

BASTEI-LÜBBE-TASCHENBUCH
Band 66810

Originalausgabe
© 1998 by Bastei-Verlag Gustav H. Lübbe GmbH & Co.,
Bergisch Gladbach
Printed in Germany, Mai 1998
Einbandgestaltung: Roland Winkler, Bergisch Gladbach
Titelfoto: Okal
Satz: Textverarbeitung Garbe, Köln
Druck und Bindung: Elsnerdruck, Berlin
ISBN 3-404-66810-3

Der Preis dieses Bandes versteht sich einschließlich
der gesetzlichen Mehrwertsteuer.

Inhalt

1. Kapitel:
   Klatsch, Ärger oder Mobbing? 7

2. Kapitel:
   Wie kommt es zum Mobbing?
   Wie beginnt Mobbing? 21

3. Kapitel:
   Die sexuelle Variante 37

4. Kapitel:
   Wer ist der Mobber? 55

5. Kapitel:
   Wer ist das Mobbingopfer? 75

6. Kapitel:
   Wohin kann Mobbing führen? 85

7. Kapitel:
   Was können Sie gegen Mobbing tun, wenn Sie
   nicht selbst betroffen sind? 133

8. Kapitel:
   Wie Sie sich als Mobbingopfer zur Wehr setzen ... 165

9. Kapitel:
   Wer eignet sich als Hilfe für das Mobbingopfer? .. 179

Stichwortverzeichnis 187

Klatsch, Ärger oder Mobbing?

Wenn Lisa D. zu ihrer Friseurin geht	8
Bernd B. spielt im Fußballclub	10
Roland F. ist besonders fleißig	12
Patrick K. haut auf die Pauke	13
Dieter Z. hat die Nase voll	14
Max S. ist im Wege	15
Annette L. ist so alleine	17
Heiko N. hat eine rote Nase	18

1 Klatsch, Ärger oder Mobbing?

Mobben oder gemobbt werden: Das scheint heute die Frage! Es gibt kaum ein vergleichbares Thema aus der heutigen Arbeitswelt, welches seit Jahren so leidenschaftlich diskutiert wird. Vielleicht liegt es daran, daß jedermann zum Betroffenen werden kann. Mobbing geistert durch die Köpfe, die Büros und durch die Werkhallen. Wer dann noch so ehrlich ist und sich den Spiegel vorhält, der muß zugeben, daß an der ganzen Sache auch ein bißchen gefährlicher Reiz ist. Ist es nicht auch ein kribbelndes Gefühl, selbst ein bißchen zu mobben? Ja natürlich – aber selbstverständlich soll niemand dadurch zu Schaden kommen!

Aber wo fängt der Schaden beim Gemobbten an? Was kann man tun, damit es nicht zu einem Opfer kommt?

Und: Was ist überhaupt Mobbing?

Wenn Lisa D. zu ihrer Friseurin geht

Eine Kleinstadt im Münsterland. Ein regnerischer Vormittag im März. Die Karnevalssaison ist gerade vorbei. Auch vom Aschermittwoch ist in den Straßen nichts mehr zu sehen. Die Familie von Lisa D. hat ein Häuschen nahe bei der kleinen Fußgängerzone. Die beiden Kinder sind morgens zur Schule gegangen. Der Ehemann von Lisa D. arbeitet als Autoverkäufer in einem örtlichen Autohaus. Einmal im Monat geht Lisa D. zum Friseur. So auch heute.

Lisa D. wohnt schon seit ihrer Kindheit in diesem Ort. Die Friseurin auch. Und natürlich auch die anderen Damen, die ebenfalls gerade den Friseursalon aufsuchen.

Es kommt, wie es kommen muß: Das Haarschneiden wird zur Nebensache. Kurz wird das Wetter gestreift. Anschließend widmen sich alle Damen einschließlich der Friseurin hingebungsvoll den gerade überstandenen Karnevalstagen.

Werden zu Anfang noch – relativ sachlich – die schönsten Aktivitäten der örtlichen Vereine gewürdigt, so nähert man sich schnell den abendlichen Festivitäten. Natürlich kann jede der anwesenden Damen von jedem Bewohner der kleinen Stadt jeden einzelnen Schritt auf jeder der Feierlichkeiten beurteilen!

Wer hat wieviel getrunken? Wer hat mit wem getanzt? War es nicht sogar ein bißchen mehr als tanzen? Wann ist das Ehepaar F. nach Hause gegangen? Oder ist sogar der Gatte F. vor seiner Gattin alleine nach Hause gegangen?

Und dann – die Friseurin widmet sich mit Inbrunst der Kurzhaarfrisur einer der Kundinnen – passiert es: Ohne jede Vorwarnung für Lisa D. wirft eine der anwesenden Damen keck die Bemerkung in den Raum, daß der Ehemann von Lisa D. auch nicht nur alleine gesehen worden sei, als Lisa D. am Rosenmontag abend schon etwas früher nach Hause gegangen ist.

Lisa D. traut ihren Ohren nicht. Soll sie nachfragen? Was soll das bedeuten? Sie zieht es aber vor, nicht auf diese Bemerkung einzugehen und beteiligt sich weiter an der fröhlichen Hechelei.

Aber: Dieser Satz geht ihr nicht mehr aus dem Kopf!

Prompt kommt der brave Ehemann von Lisa D. noch am selben Abend eine halbe Stunde später als gewöhnlich nach Hause. Lisa D. registriert, kombiniert und ist im höchsten Maße irritiert. Ist etwa etwas dran an der Bemerkung beim Friseur? Warum kommt ihr Ehemann zu spät nach Hause?

Und auch hier kommt es, wie es kommen mußte: Bei der erstbesten – unpassenden – Gelegenheit fragt sie ihren Mann schnippisch, wieso in der Stadt überall erzählt werde, er sei am Rosenmontagabend nicht alleine gewesen und habe sich prächtig amüsiert. Mit wem denn bitte schön? Und warum er überhaupt heute zu spät gekommen sei?

Nun hat der Gatte von Lisa D. das Problem, die Welt nicht mehr zu verstehen. Und so nimmt das Schicksal seinen Lauf.

Frage: Ist das ein Fall von Mobbing? Gibt es hier ein oder mehrere Mobbingopfer? Hat die Dame im Friseursalon gemobbt?

Die Unterhaltung im Friseursalon ist nichts anderes als Klatsch und Tratsch. Niemand kann sich davon freimachen. Irgendwann klatscht und tratscht jeder jeden Tag. Es werden Informationen aufgenommen, weitergegeben und auch verändert. Das Ziel des Klatsches ändert sich ständig. Der Klatsch muß nicht boshaft, er kann sogar sehr liebevoll sein. Meistens ist er aber einfach nur wertneutral.

Klatsch und Tratsch sind ein uraltes Phänomen und gehören zum menschlichen Dasein als soziale Lebewesen einfach dazu.

Bernd B. spielt im Fußballclub

Ruhrgebiet. Stillgelegte Zechen, neue Industrien. Jeder Stadtteil hat seinen Fußballclub. Bernd B. ist 24 Jahre alt, Polizeibeamter und ledig.

Wie jeden Dienstagabend ist Bernd B. beim Training. Man kennt sich. Einige haben schon seit Kindesbeinen miteinander oder gegeneinander Fußball gespielt. Sie schwitzen, sie fluchen, und sie freuen sich.

Nach dem Duschen geht es in der Kabine – wie immer – hoch her. Der Kabinenboden ist übersät von Fußballschuhen und Sportkleidung, Seifenschalen und feuchten Handtüchern. Jeder redet mit jedem, ein lautes Stimmengewirr.

Es werden die Namen derjenigen genannt, die heute abend nicht zum Training erschienen sind. Hat sich Werner abgemeldet? Ach ja, der ist ja auf Dienstreise. Und Siggi? Klar, der ist immer noch verletzt.

Und Hartmut? Warum ist der nicht da? Bernd B. ruft in den Raum, daß Hartmut im Moment wohl andere Sorgen habe, von wegen Führerschein und so.

Beim anschließenden Bier in der Vereinskneipe ist Bernd B. nicht mehr dabei. Aber die Mannschaftskameraden sind schnell wieder beim Thema: Was ist mit dem Führerschein von Hartmut los? Was hat Bernd B., der es als Polizist ja schließlich genau wissen muß, dazu gesagt?

Bevor das letzte Bier an diesem Abend in der Vereinskneipe getrunken wird, steht praktisch für alle Mannschaftskameraden fest, daß Hartmut seinen Führerschein wegen Trunkenheit mit Fahrerflucht für zwei Jahre verloren haben muß.

Auch hier wieder die Fragen: Ist das nun Mobbing? Ist Hartmut ein Mobbingopfer? Hat Bernd B. im Fußballclub gemobbt? Was meinen Sie?

Weder die Äußerung von Bernd B. noch das anschließende Vertiefen des Themas durch seine Mannschaftskollegen beim gemeinsamen Bier wird als Mobbing bezeichnet. Es ist nicht erkennbar, daß eine zielgerichtete Absicht dahinter steckt. Autos und Fußball sind nun einmal immer noch klassische Männerthemen, über die man stundenlang klatschen und tratschen kann. Der Unterschied zu Lisa D. ist eigentlich nur, daß man dieses Verhalten bei Männern nicht als Klatsch und Tratsch bezeichnet. Aber auch das ist ein uraltes Verhalten, das es schon immer gegeben hat, und das es mit Sicherheit immer geben wird.

Roland F. ist besonders fleißig

Der Tatort ist ein mittelständischer Betrieb in Pforzheim. Roland F. ist mit fünf weiteren Kollegen seit Jahren in dem Industriebetrieb in der Arbeitsvorbereitung tätig. Über ihnen thront ein Abteilungsleiter.

Im Rahmen einer Strukturveränderung wird der Abteilungsleiter weggelobt, und einer der Mitarbeiter aus der Arbeitsvorbereitung soll der neue Gruppenleiter werden.

Kaum sind diese Pläne bekannt, entwickelt Roland F. urplötzlich einen ungeheuren Ehrgeiz und Fleiß. Aber nicht nur das: Er legt sich auch unvermittelt eiserne Ellenbogen zu. Das ist völlig neu in dem bisher so überschaubaren Bereich. In den vergangenen Jahren und Tagen hat man sich nicht weh getan und keiner hat zu schnell gearbeitet, um nicht den Arbeitsdruck und das Arbeitstempo in die Höhe zu treiben.

Doch nun ist alles anders. Roland F. arbeitet eindeutig schneller als seine Kollegen und denkt auch gar nicht mehr daran, diesen auszuhelfen. Die alte Hilfsbereitschaft ist dahin. Auch kennt Roland F. keine Hemmungen, nahezu jedem Vorgesetzten unmißverständlich deutlich zu machen, daß er der beste Mann in der Abteilung sei und weshalb seine Kollegen ihm nicht das Wasser reichen könnten.

Nun sagen Sie: Das muß jetzt aber doch Mobbing sein! Das Ganze spielt sich in einem Betrieb ab, und die Kollegen von Roland F. sind seine Mobbingopfer.

Nein! Auch das Verhalten von Roland F. stellt kein Mobbing dar. Er kämpft lediglich mit überzogenen Mitteln den täglichen Konkurrenzkampf. Wahrscheinlich wird er auch am eigenen Leibe erfahren, daß er mit seinem neuen Verhalten keinen Erfolg hat. Aber das läßt sich schwer vorhersagen.

Vielleicht erkennen seine Vorgesetzten seinen Fleiß und seinen Ehrgeiz auch an und machen ihn zum Gruppenleiter. Damit hätte er sein Ziel dann erreicht, für das er gekämpft hat. Ob er allerdings auch Führungsqualitäten hat, ist eine ganz andere Frage. Auch hier handelt es sich also nicht um Mobbing, obwohl sich der Sachverhalt im betrieblichen Alltag abgespielt hat.

Patrick K. haut auf die Pauke

Eine Werft an der deutschen Küste mit knapp 1.000 Mitarbeitern. Es gibt einen mächtigen Betriebsrat. Die Arbeit bei Wind und Wetter an dem Schiffsneubau ist hart. Die Arbeiter liegen oft stundenlang mit dem Rücken auf dem rohen Eisen, um Verschraubungen oder Schweißarbeiten durchzuführen. Bisher stellte die Werft für derartige Arbeiten dicke Matten zur Verfügung, auf die die Arbeiter sich als Schutz vor der Kälte und der Härte des rohen Eisens legen konnten.

Nunmehr sind einige der Matten verschlissen, und die Arbeiter haben die Information bekommen, daß die Werft aus Einsparungsgründen keine neuen Matten mehr anschaffen will. Patrick K. – selber Schlosser – hat zwar noch seine Matte, aber ihm reißt nunmehr endgültig der Geduldsfaden. In der Frühstückspause legt sich Patrick K. mächtig ins Zeug:

Vor einer großen Anzahl von Kollegen wettert er gegen die Werft, weil sich die Kollegen ohne schützende Matten auf dem rohen Eisen die Gesundheit ruinieren. Er redet sich immer mehr in Rage. Ohne vorher darüber nachgedacht zu haben, richtet er seine Vorwürfe in aller Deutlichkeit auch gegen die Betriebsratvertretung. Bald nennt er den Betriebsratsvorsitzenden auch beim Namen und ereifert sich gegenüber den Kollegen mit dem Vorwurf, daß der Betriebsratsvorsitzende sich überhaupt nicht um die Mitarbeiter kümmere, sondern gemeinsame Sache mit der Geschäftsleitung mache.

Die ohnehin schon unzufriedenen und genervten Kollegen nehmen diese Vorwürfe willkommen auf, und man zieht gemeinsam zum Büro der Betriebsratvertretung. Dort versammelt man sich spontan und fordert lautstark die Abwahl des Betriebsratsvorsitzenden.

Frage: Hat Patrick K. jetzt hier gemobbt? Ist der Betriebsratsvorsitzende der Gemobbte?

Die Antwort auf beide Fragen lautet: Nein! Bei dem geschilderten Sachverhalt handelt es sich um eine betriebliche Konfliktsituation, die offen ausgetragen wird. Die Karten liegen auf dem Tisch. Genau genommen passiert sogar das Gegenteil vom Mobbing: Das Opfer wird nicht hinterrücks mit unlauteren Mitteln langsam »zur Strecke gebracht«, sondern es gibt die offene Konfrontation. Die Akteure und das Thema stehen fest. Dieser Konflikt muß nun gelöst werden, aber es handelt sich dabei nicht um einen Vorgang des Mobbings.

Dieter Z. hat die Nase voll

Dieter Z. arbeitet in einem Handwerksbetrieb in einem Münchener Vorort. Der Betrieb – eine Tischlerei – ist spezialisiert auf die Anfertigung und Installation von Holztreppen in Wohngebäuden. Durch den günstigen Standort am Rande von München floriert und expandiert der Betrieb. Dieter Z., der als gelernter Tischler zusammen mit dem Betrieb großgeworden ist, gilt als versierter Spezialist für den paßgenauen Einbau vor Ort. Er verdient gutes Geld, arbeitet aber auch beinahe Tag und Nacht. Wie gesagt, die Auftragslage ist blendend.

Eines Tages platzt Dieter Z. der Kragen. Am späten Freitagnachmittag, als wieder abzusehen ist, daß auch am Samstag gearbeitet werden muß, läßt er seine Wut am Betriebsleiter aus. Trotz Anwesenheit einiger Kollegen beschimpft Dieter Z. den Betriebsleiter auf das übelste. Er wirft ihm vor, daß er unmenschlich mit den Mitarbeitern umgehe und er sie alle zugrunde richten werde.

Den Betriebsleiter verschlägt es geradezu die Sprache. Er läßt einige Zeit das Donnerwetter über sich ergehen und geht dann einfach wortlos in sein Büro und macht die Tür hinter sich zu.

Frage: Hat Dieter Z. hier gemobbt? Ist der Betriebsleiter der Gemobbte?

Auch hier die Antwort auf beide Fragen wieder: Nein! Genauso, wie ein Betriebsratsvorsitzender oft betrieblichen Konfliktsituationen ausgesetzt ist, die nichts mit Mobbing zu tun haben, gilt dasselbe auch für Vorgesetzte. Die Szene in dem Münchener Betrieb ist eine offene Konfliktsituation. Die Kontrahenten treten sich offen gegenüber. Die Sache, nämlich der Konflikt, steht im Vordergrund.

Max S. ist im Wege

In dem Großunternehmen der Chemieindustrie am Mittelrhein arbeiten mehrere tausend Mitarbeiter. Es gibt ausgeprägte Hierarchiestrukturen. Im Bereich des Personalwesens gibt es auch die Abteilung mit Mitarbeitern, die die betriebliche Altersversorgung verwaltet. Wegen der hohen Spezialisierung des Themas gibt es unter den Mitarbeitern in der Abteilung wenig Fluktuation. Man kennt sich sehr gut.

Der Zusammenhalt unter den Mitarbeitern der Abteilung wird im Laufe der Jahre sogar noch größer, weil die Arbeit auch in diesem Bereich immer mehr wird: Es gibt immer mehr Mitarbeiter, und aufgrund der Altersstruktur auch immer mehr Fälle für die betriebliche Altersversorgung. Allerdings erhöht sich die Anzahl der Mitarbeiter in der Abteilung selbst nicht.

Vor dem Hintergrund dieses höheren Arbeitsdrucks entsteht in der Abteilung – keiner weiß woher – das Feindbild in Person des Kollegen Max S. Er hat ohne Zweifel einen etwas anderen Arbeitsstil und sein Schreibtisch sieht immer etwas chaotischer aus.

Wie von unsichtbarer Hand dirigiert richten sich immer öfter die Aggressionen der Kollegen gegen Max S. Auch werden ihm fachliche Informationen vorenthalten. Sie werden einfach nicht weitergegeben. Hilfestellung ihm gegenüber erfolgt gar nicht oder schleppend. Irgendwie – keiner weiß warum – verhalten sich alle in dieser Phase gleich. Immer deutlicher kommt zum Ausdruck: Max S. muß weg, er bringt zu wenig Arbeitsleistung, und das ist die eigentliche Ursache für den – ganz offensichtlichen – erhöhten Arbeitsdruck.

Frage: Liegt hier ein Fall von Mobbing vor? Ist Max S. ein Mobbingopfer?

Die Antwort: Ja, ganz eindeutig! Es handelt sich um einen der klassischen Fälle von Mobbing. Eine Gruppe von Mitarbeitern spürt einen immer stärker werdenden Arbeitsdruck. Weil sie sich nicht dagegen wehren kann, führt die Gruppe einen Stellvertreter-Krieg.

Also sucht sich die Gruppe – meist unbewußt – einen Kollegen als Opfer. Die Verhaltensweisen der Gruppe bewirken prompt, daß der Kollege tatsächlich so dasteht, als würde er nicht die geforderte Leistung erbringen. Die anderen müssen deshalb seine Arbeit mitmachen und leiden deshalb unter einem erhöhten Arbeitsdruck. So einfach ist das. Ergebnis:

Max S. ist im Wege und muß weg. Nur allzuoft muß ein Mitarbeiter wie Max S. auch tatsächlich seinen Platz räumen.

Annette L. ist so alleine

Das Städtchen Goslar im Harz hat bekanntlich viele Behörden. In einer der Behörden arbeitet Annette L. als Sachbearbeiterin in der Straßenbauverwaltung. Die Behörde hat eine gepflegte Kantine. Die Mitarbeiter kennen sich, auch das Privatleben ist überschaubar.

Doch ist auch das Privatleben von Annette L. überschaubar? Als sie mal nicht mit beim Mittagstisch in der Kantine sitzt, ist man sich dort einig, daß man eigentlich recht wenig über Annette L. weiß. Nein, verheiratet ist sie nicht. Lebt sie alleine? Hat sie Hobbys? Wie verbringt sie ihre Freizeit? Eigentlich ist Annette L. ja auch recht still. Hat sie etwas zu verbergen?

Aus unerklärlichen Gründen kreist in den nächsten Wochen immer öfter bei Pausengesprächen das Thema um diese Fragen. Kommt Annette L. hinzu, tritt immer eine plötzliche Stille ein. Keiner weiß so recht, was er sagen soll.

Weil aber jeder etwas zu dem Thema beitragen will, wird Annette L. in ihrem Verhalten genauer denn je beobachtet. Flöhe werden zu Elefanten. Alles wird überbewertet und interpretiert.

Natürlich bemerkt Annette L. die Veränderung der Situation. Sie kann sich keinen Reim darauf machen. Sie kommt sich langsam vor wie ein Tier im Käfig. Sie wird immer isolierter. Schließlich beginnen Krankheitszeiten.

Frage: Mobbing, ja oder nein?

Antwort: Natürlich ist das Mobbing!

Allerdings wird das Mobbing bei Annette L. nicht an fachlichen Fragen festgemacht, sondern hier liegt die Spielart des Sozialverhaltens und des sozialen Umfeldes vor. Dabei handelt es sich um ein schier unerschöpfliches Thema. Die Variationen sind unübersehbar. Trotzdem ist das Schema immer völlig gleich.

Auch die Reaktion von Annette L. ist ganz typisch: Der Isolation folgen Fehlzeiten wegen Krankheiten. Am Ende kann dann die dauernde Arbeitsunfähigkeit stehen.

Heiko N. hat eine rote Nase

Das Krankenhaus in dem Frankfurter Arbeiterviertel hat natürlich auch eine Hauswerkstatt und eine Hausmeisterei. Dort arbeitet auch Heiko N.

Heiko N. war Langzeitarbeitsloser, und das örtliche Arbeitsamt hat seine Einstellung bei dem Krankenhaus mit erheblichen Lohnzuschüssen über viele Monate gefördert. Es war offensichtlich, daß Heiko N. Schwierigkeiten mit der Wiedereingliederung in das regelmäßige Berufsleben hatte. Es fehlte sowohl an der Konzentration, über einen bestimmten Zeitraum hinweg gleichbleibend gut eine bestimmte Arbeitsleistung zu erbringen, als auch an der Übung, sich mit seinen Kollegen zu arrangieren.

Schon nach kurzer Zeit stellte sich heraus, daß die Kollegen Heiko N. nicht als vollwertigen Mitarbeiter betrachteten. Seine aus der Arbeitslosigkeit herrührenden Probleme in Verbindung mit dem bösen Wort, daß er sich sein Geld gar nicht richtig verdiene, sondern überhaupt nur durch Zuschüsse des Arbeitsamtes beschäftigt werden könne, stempelten ihn schnell zum Außenseiter.

Prompt flüchtete sich Heiko N. immer mehr in die Tätigkeiten, die er alleine verrichten konnte.

Das waren vor allem die Arbeiten im Garten und in den Parkanlagen. Aber entstand nicht dadurch bei den Kollegen erst recht das Gefühl, Heiko N. wollte sich vor der Arbeit drücken?

Und hat er nicht hin und wieder einmal eine Alkoholfahne? Aus der Sicht der Kollegen paßte eines zum anderen. Als dann noch jemand bemerkte, daß Heiko N. eine auffallend rote Nase habe, stand fest, daß wohl doch in erheblichem Umfang Alkohol im Spiel sein mußte. Schnell kamen all diese Meinungen und Gerüchte auch den entsprechenden Vorgesetzten zu Ohren, und Heiko N. verlor wieder seinen Arbeitsplatz.

Ist das auch Mobbing?

Oder haben die Kollegen nur die Interessen des Krankenhauses als Arbeitgeber gewahrt?

Natürlich ist das auch ein Fall von Mobbing. Die Kollegen haben sich nicht offen verhalten. Sie haben im Grunde genommen Heiko N. gar keine Chance eingeräumt. Selbst als er versuchte, den Problemen aus dem Wege zu gehen, wurde dieses Verhalten nur zu seinen Ungunsten gedeutet. Er erhielt keinerlei Unterstützung. Heiko N. ist ein echtes Mobbingopfer.

Eine gesunde betriebliche Konfliktsituation ist gekennzeichnet durch

- eine offene Kommunikation,
- gegensätzliche Positionen in Sachfragen,
- einen sauberen Austausch von Argumenten,
- Konfliktaustragungen nach bestimmten Spielregeln,
- einen sauberen Abschluß einer Konfrontation mit einem für alle nachvollziehbaren Ergebnis,
- keine unbegründeten persönlichen Nachteile für einen der Beteiligten.

Die klassische Mobbingsituation im betrieblichen Alltag ist dagegen gekennzeichnet durch

- versteckte Agitation,
- keine offenen Stellungnahmen und Bekenntnisse,
- Gleichgültigkeit gegenüber dem Geschehen,
- Fehlen sachlicher Argumente,
- Gerüchte, die der Klärung von Sachfragen vorgehen,
- den Umstand, daß das Mobbingopfer fachlich und persönlich auf der Strecke bleibt.

PRAXIS TIP Behaupten Sie im betrieblichen Alltag niemals vorschnell, jemand würde mobben oder Mobbing betreiben. Handelt es sich in dem Fall statt dessen um eine saubere betriebliche Konfliktsituation, so kann hier ein – unpassender – Hinweis auf Mobbing von den Kollegen eigentlich nur so verstanden werden, daß Sie sich sachlich mit der Situation nicht auseinandersetzen wollen.

Die Beispielfälle in diesem Kapitel zeigen, wie scheinbar ähnliche Situationen mal Mobbing sind und mal nicht. Also würdigen Sie besser immer alle Gesamtumstände komplett, wenn Sie Mobbing von sauberer und erforderlicher Konfliktsituation unterscheiden wollen.

Wie kommt es zum Mobbing? Wie beginnt Mobbing?

Ein tödliches Gift: Das Gerücht	22
Wie geht es weiter?	23
Wann Sie für Gerüchte besonders anfällig sind	25
Die Verbreitung: Das offene Geheimnis	25
Wann der Betriebsalltag für das Mobbing anfällig ist	28
Ein uraltes Phänomen: Die »stille Post«	30
Wenn ein Kollege isoliert wird	31
Vorgesetzte als Mobbingopfer	32
Wann Vorgesetzte potentielle Mobbingopfer sind	33
Mobbing nach personellen Fehlentscheidungen	33

2 Wie kommt es zum Mobbing? Wie beginnt Mobbing?

Grundsätzlich gilt: Oft kann aus harmlosem Klatsch und Tratsch ein echtes Mobbing mit tragischem Ausgang werden. Vergleichbar mit der Natur kommt es einfach darauf an, ob aus dem Samenkorn Klatsch das Dornengestrüpp »Mobbing« werden kann.

PRAXIS TiP Auch bei einer sogenannten Startphase eines Mobbings sollten Sie niemals zu schnell und zu oft mit dem Begriff Mobbing im Kollegenkreis bei der Hand sein. Es könnte sonst zu leicht der Eindruck entstehen, als wenn Sie sich selber ununterbrochen mit dem Thema Mobbing beschäftigen würden.

Da noch lange nicht gesagt ist, daß aus jedem Klatsch und Tratsch auch Mobbing wird, hat gerade die Startphase zwei Seiten: es kann sich um harmlosen Klatsch handeln, es kann aber auch der Beginn von Mobbing sein.

Ein tödliches Gift: Das Gerücht

Es klingt überraschend: Für ein erfolgreiches Mobbing ist es völlig egal, ob die Information, mit der jemand gemobbt wird, wahr ist oder nicht!

Beispiel: Die Information, daß die Kollegin ein Verhältnis mit dem Chef hat, eignet sich hervorragend für ein Mobbing, ganz egal, ob es das Verhältnis tatsächlich nun gibt oder nicht!

Ausgangspunkt ist, daß eine Information in die Welt gesetzt werden muß. Normalerweise geschieht es dadurch, daß sich mindestens zwei Kollegen in Abwesenheit des Betroffenen über diesen unterhalten.

> ***Beispiel:*** Fragt der eine Kollege den anderen Kollegen, ob ihm eigentlich schon einmal aufgefallen sei, daß der Kollege Brummel in letzter Zeit häufiger eine Alkoholfahne habe? Ganz egal, ob der angesprochene Kollege das nun mitbekommen hat oder nicht, oder ob die Information überhaupt stimmt oder nicht, an dieser Stelle entscheidet sich, ob das Gerücht wachsen und gedeihen kann.

Antwortet in diesem Beispielfall der angesprochene Kollege, daß er davon nichts wisse, und wechselt er anschließend das Thema, so ist dieser Mobbingbeginn gestorben.

Sagt der angesprochene Kollege zwar, daß er davon nichts wisse, aber unterhält er sich anschließend lang und breit mit dem Informanten über den betroffenden Kollegen und dessen Alkoholfahne, so kann das schon der Startschuß für das Mobbing sein.

Weiteres Kennzeichen für das Mobbing ist, daß dieses Gespräch über die tatsächliche oder erlogene Alkoholfahne des Betroffenen natürlich sofort abgebrochen wird, wenn er hinzutreten sollte. Es tritt dann die bekannte peinliche Stille ein.

Wie geht es weiter?

Das Gerücht muß natürlich verbreitet werden. Das kann ganz schnell gehen. Findet der Informant jeweils willige Gesprächspartner, so geht das Ganze nach dem rasanten Schneeball-System.

Und immer und überall das gleiche Bild: Bald weiß es im Kollegenkreis, in der Abteilung, im Bereich oder im Betrieb jeder, außer dem Betroffenen, also dem Gemobbten.

Der Inhalt des Gerüchtes kann grenzenlos sein. Das Gerücht kann sich beziehen auf

- das Aussehen des Opfers,
- seine fachliche Leistung,
- seine Nationalität,
- seinen beruflichen Werdegang,
- sein betriebliches Verhalten gegenüber Vorgesetzten,
- sein betriebliches Verhalten gegenüber nachgeordneten Mitarbeitern,
- sein allgemeines soziales Verhalten im Betrieb,
- sein Privatleben ganz allgemein,
- das Eheleben im besonderen,
- das Freizeitverhalten.

Ein weiteres Kennzeichen für das Vorliegen eines Mobbinggerüchtes ist, daß es immer in der Lage ist, das Ansehen und den Stellenwert des Opfers zu beeinträchtigen.

PRAXIS TIP Lassen Sie sich nicht täuschen! Auch das Hervorkehren eines besonders positiven Umstandes kann Basis für ein Mobbing sein!

> *Beispiel:* Das Gutaussehen einer Kollegin. Wird herausgestellt, daß die Kollegin ihren hierarchischen Aufstieg im Betrieb nur ihrem Aussehen zu verdanken hat, so ist das Gutaussehen als solches zwar ein positiver Umstand, in diesem Fall aber eindeutig eine Mobbingattacke.

Stößt das Gerücht auf allgemeines Interesse, so wird es sich schon von selbst eine Zeitlang halten. Gibt es aber sogar jemanden, der ein ausgesprochenes Interesse an der Mobbingaktion hat, so wird dieser seinerseits solange das Gerücht am Leben halten und mit Nahrung versorgen, bis er am Ziel ist.

Wichtig: Auch hier unterscheidet sich der spontane Klatsch vom schädlichen Mobbing: Der harmlose Klatsch ist genauso schnell vergessen, wie er erzählt worden ist. Das Mobbinggerücht bleibt solange am Leben, wie es über seinem Opfer Wirkung zeigt. Das kann Wochen oder Monate dauern.

Wann Sie für Gerüchte besonders anfällig sind

Überprüfen Sie einmal selbst, wie oft Sie – bewußt oder unbewußt – mit Gerüchten konfrontiert werden (s. Checkliste 1 auf Seite 26).

Wenn Sie eine oder mehrere dieser Aussagen der Checkliste 1 mit Ja beantworten konnten, so prüfen Sie bitte auch die nächsten Aussagen der Checkliste 2 auf Seite 27.

Die Verbreitung: Das offene Geheimnis

Mal ehrlich: Finden Sie nicht auch, daß ein echtes Geheimnis, welches man tatsächlich für sich selber behält, ganz schön langweilig sein kann? Wird ein Geheimnis nicht gerade dadurch erst richtig interessant, daß man es nicht geheim hält?

Checkliste 1: Wie oft werden Sie mit Gerüchten konfrontiert?

Ich kann mich während der Arbeitszeit an meinem Arbeitsplatz mit einem oder mehreren Kollegen über Dinge unterhalten, die nichts mit der Arbeit zu tun haben ❏ Ja ❏ Nein

Ich kann mich regelmäßig auf dem Weg zur oder von der Arbeit mit einem oder mehreren Kollegen unterhalten. ❏ Ja ❏ Nein

Ich habe während der betrieblichen Frühstückspause und während der Mittagspause Gelegenheit, mich mit einem oder mehreren Kollegen über alle möglichen Dinge zu unterhalten. ❏ Ja ❏ Nein

Diese einfachen Zusammenhänge um unseren Umgang mit Geheimnissen sind nur allzu menschlich. Sie sind aber eine wichtige Erklärung dafür, weshalb Gerüchte so gut funktionieren und speziell im Fall von Mobbing auch das boshafte und ehrenrührige Gerücht eine hartnäckige Überlebenschance hat.

Beispiel: Je pikanter und ehrabschneidender die Information ist, die der eine Kollege dem anderen Kollegen ganz vertraulich und als Geheimnis anvertraut, desto größer ist die Wahrscheinlichkeit, daß er geradezu platzt, um diese Information an den nächsten Kollegen weiterzugeben. Natürlich genauso vertraulich und auch nur als Geheimnis.

Checkliste 2: Sind Sie für Gerüchte besonders anfällig?

Während dieser Gelegenheiten zu Gesprächen mit Kollegen unterhalten wir uns auch über andere Kollegen. ❏ Ja ❏ Nein

Es kommt dabei nie vor, daß auch abwertende Äußerungen über den abwesenden Kollegen gemacht werden. ❏ Ja ❏ Nein

Es kommt gelegentlich vor, daß auch abwertende Äußerungen über den abwesenden Kollegen gemacht werden. ❏ Ja ❏ Nein

Es kommt häufig vor, daß auch abwertende Äußerungen über den abwesenden Kollegen gemacht werden. ❏ Ja ❏ Nein

Es kommt vor, daß dieselbe abwertende Äußerung des öfteren Gesprächsthema ist. ❏ Ja ❏ Nein

Werden die Gespräche auch abgebrochen, wenn der Kollege, über den gerade gesprochen wurde, hinzutritt? ❏ Ja ❏ Nein

Erleben Sie selbst, daß dasselbe Thema über einen bestimmten Kollegen auch in Gesprächen mit anderen Kollegen besprochen wird? ❏ Ja ❏ Nein

Wichtig: Eine Information, die ganz offensichtlich und jedem bekannt ist, eignet sich von daher nur bedingt als Gerücht für Mobbing. So eine Information kommt in der Praxis auch nur dann als Mobbinggerücht vor, wenn sie zugleich mit einer darüber hinausgehenden ehrenrührigen Behauptung verbunden wird.

> **Beispiele:** Das blendende Aussehen einer Kollegin. Das Gutaussehen als solches ist offensichtlich kein Geheimnis. Trotzdem eignet es sich zum Mobbing. Aber eben nur in Verbindung mit der Behauptung, die Kollegin habe ihre Beförderung nicht ihrem Fleiß oder ihrer fachlichen Leistung zu verdanken, sondern ihrem guten Aussehen.
>
> Ein Kollege in einem größeren Betrieb in einer Großstadt ist mit einer Asiatin verheiratet. Dieser Umstand ist bekannt und kein Geheimnis. Trotzdem bildete er die Basis für ein ganz schlimmes Mobbinggerücht. Es wurde nämlich in Umlauf gesetzt, daß sich der Kollege durch die Asiatin mit einer ansteckenden Krankheit infiziert habe. Die daraus folgende Isolation und Abgrenzung gegenüber diesem Kollegen führt sehr schnell zu dessen Zusammenbruch.

Wann der Betriebsalltag für das Mobbing anfällig ist

Bitte prüfen Sie wieder selbst, inwieweit Ihr eigener betrieblicher Alltag zum Mobbing führen kann. Benutzen Sie dazu die Checkliste 3 auf Seite 29.

Checkliste 3: Wie anfällig ist Ihr Arbeitsalltag für das Mobbing?

Wissen Sie, ob in Ihrem Betrieb auch nicht-fachliche Informationen vertraulich von Kollege zu Kollege weitergegeben werden? ❏ Ja ❏ Nein

Erhalten auch Sie von Kollegen vertrauliche Informationen über andere Kollegen als Geheimnis? ❏ Ja ❏ Nein

Haben Sie selber schon miterlebt, daß derartige vertrauliche Informationen als neue vertrauliche Informationen weitergegeben werden? ❏ Ja ❏ Nein

Kennen Sie die Situation, daß eine vertrauliche Information, die Sie von einem Kollegen bekommen haben, kurze Zeit später Ihnen nochmals von einem anderen Kollegen gegeben wird? ❏ Ja ❏ Nein

Kommt Ihnen die Beschreibung bekannt vor, daß eine vertrauliche Information aus einem offensichtlichen Umstand und einer damit verbundenen ehrenrührigen Behauptung besteht? ❏ Ja ❏ Nein

Ein uraltes Phänomen: Die »stille Post«

Ein weiteres – uraltes – Phänomen tritt bei einer Mobbingaktion noch zu der Geheimnisübertragung hinzu: Kennen Sie noch aus Ihrer Kinderzeit den Stille-Post-Effekt?

> *Beispiel:* Ein Kollege erzählt – natürlich ganz vertraulich – dem anderen Kollegen, daß der Kollege Nico N. aus dem Betrieb schon einmal mit einer Alkoholfahne zum Dienst erschienen ist. Der so in das Geheimnis eingeweihte Kollege muß das natürlich – ebenso vertraulich – seiner Mitarbeiterin erzählen. Dabei hat Nico N. dann schon ganz schön oft eine Alkoholfahne. Als diese Mitarbeiterin das wiederum ihrer Kollegin – immer noch ganz vertraulich – erzählt, hat Nico N. schon in der Schilderung ständig eine Alkoholfahne.
> Wenn das Geheimnis auch von dieser Kollegin wieder weitergegeben wird, können Sie sicher sein, daß diese berichtet, daß Nico N. wahrscheinlich seine Arbeit ständig nur hochgradig alkoholisiert verrichtet!

Dieses Phänomen der stillen Post aus Kindertagen umgibt uns bei vertraulichen Mitteilungen immer und überall. Jeder versucht ja schließlich, das Geheimnis, welches er weitergibt, möglichst interessant zu gestalten.

Das Geheimnis, welches als Gerücht zum Mobbing führt, ist also nicht nur ein offenes Geheimnis, sondern zudem noch ein lebendiges mit dem Hang zur dramatischen Ausweitung. Die Folge ist klar: Das Gerücht wird für das Opfer immer schädlicher und ehrenrühriger.

Wenn ein Kollege isoliert wird

Ausländische Untersuchungen zu Mobbingfällen haben gezeigt, daß die Gruppe der Mobbingfälle, bei denen das Mobbing aktiv durch ein Gerücht betrieben wird, nur etwa die Hälfte der untersuchten Fälle ausmachte. Die andere Hälfte sind die Fälle, bei denen der betroffene Kollege oder die betroffene Kollegin alleine nur durch das bewußte Verhalten der Kollegen zum Mobbingopfer wird.

> *Beispiel:* In der Einkaufsabteilung des mittelständischen Unternehmens gab es eine Mitarbeiterin, die im Laufe der letzten Berufsjahre den Anschluß an die Wissensentwicklung und die vorhandene Technik verpaßt hat. Ihre Betriebszugehörigkeit betrug schon fast drei Jahrzehnte. Dann erfolgte ein Vorgesetztenwechsel. Bei dem neuen Vorgesetzten handelte es sich um einen jungen Mann, der neu in den Betrieb geholt worden war. Schon bald machte dieser der Mitarbeiterin und auch allen anderen deutlich, daß er sie als Hemmnis für eine Leistungssteigerung innerhalb der Abteilung betrachtete.

Da der neue Vorgesetzte offenbar sehr stark das Vertrauen der Geschäftsleitung hatte, verhielten sich die Kollegen in der Abteilung sehr vorsichtig. Schon bald wurden die Kontakte zu der langgedienten Kollegin weniger. Jeder Kollege wollte offenbar den Eindruck vermeiden, er habe einen sehr engen Kontakt zu der betroffenden Mitarbeiterin und sei womöglich auf eine Stufe mit ihr zu stellen.

Prompt war die Gemeinsamkeit in der Abteilung hin. Die Mitarbeiterin war in kürzester Zeit isoliert und hatte überhaupt keine Chance mehr, auf irgendeine Art und Weise eine vernünftige Arbeitsleistung abzuliefern. Dieser Sachverhalt ist eine einfache Variante, die innerhalb kürzester Zeit einen Mitarbeiter zum Mobbingopfer werden lassen kann.

Vorgesetzte als Mobbingopfer

Ähnlich gelagert ist eine bestimmte Fallgruppe, die überaus häufig im betrieblichen Alltag wiederzufinden ist. Während in dem vorgenannten Beispiel die Mobbingaktion zumindest mittelbar vom Vorgesetzten ausging, kann das Ganze auch genau umgekehrt passieren.

> *Beispiel:* In einem Dienstleistungsunternehmen bekam die Einsatzzentrale einen anderen Leiter, der neu in das Unternehmen eintrat. Schon bald hatten seine direkten Mitarbeiter die Meinung gefaßt, daß der neue Chef fachlich keine Ahnung habe und eigentlich eher störe als nütze.
>
> *Die Folge:* Er wurde nicht mehr ernst genommen.
>
> Die Mitarbeiter trafen wichtige Entscheidungen unter sich und beteiligten ihn nicht mehr am Informationsfluß.
>
> *Die Folge:* Nach einiger Zeit hielt auch die Geschäftsleitung den Vorgesetzten für einen schwachen Mann, und er verlor seinen Posten.

Auch an diesem Beispielfall ist deutlich zu erkennen, daß es für eine Mobbingaktion überhaupt nicht darauf ankommt, ob die Gründe, die zum Mobbing führen, wahr und richtig sind, oder ob es sich um ein Lügengebilde handelt. Im vorliegenden Fall mag es sogar so gewesen sein, daß der neue Chef tatsächlich eine Fehlbesetzung war. Vielleicht hatte er sogar auch wirklich keine Ahnung von seinem Job, so daß seine Mitarbeiter zu Recht den Eindruck hatten, daß er fachlich eine Niete ist.

Wie reagieren Mitarbeiter in einem solchen Fall? Eher untypisch ist, daß ein Mitarbeiter den Mut hat und die Verantwortung übernimmt, den schlechten Eindruck von dem neuen Chef an nächsthöherer Stelle vorzutragen. Das könnte schließlich sehr schnell den eigenen Kopf des mutigen Mitarbeiters kosten! Deshalb spielt sich die geschilderte Verhaltensweise tagtäglich in Tausenden von Fällen an vielen Arbeitsplätzen so ab, wie im Beispielfall charakterisiert. Auch der wirtschaftliche Schaden, der dem Unternehmen dadurch zugefügt wird, kann gar nicht hoch genug eingeschätzt werden.

Wann Vorgesetzte potentielle Mobbingopfer sind

Mit der Checkliste 4 auf Seite 34 können Sie selbst prüfen, ob diese Mobbingvariante in der Umgebung Ihres Arbeitsplatzes eine Chance hat.

Wenn Sie mehrere der vorgenannten Fragen mit Ja beantwortet haben, dann können Sie sicher sein, daß es bei Ihnen Mobbingopfer gibt oder Ihr Arbeitsbereich zumindest mobbinggefährdet ist.

Mobbing nach personellen Fehlentscheidungen

Auch folgende Mobbingvariante ist sehr weit verbreitet und deshalb besonders tragisch, weil das Mobbingopfer überhaupt gar keine Reaktionsmöglichkeiten hat. Es handelt sich dabei immer und ausschließlich um personelle Fehlentscheidungen, die den Vorgesetzten unterlaufen, die diese personelle Maßnahme durchsetzen.

Checkliste 4: Sind Ihre Vorgesetzten potentielle Mobbingopfer?

Werden in Ihrem Bereich oder Ihrer Abteilung Führungspositionen mit externen Kandidaten besetzt?	❏ Ja	❏ Nein
Kennen Sie die Situation, daß dem Vorgesetzten fachlich entscheidende Informationen vorenthalten werden?	❏ Ja	❏ Nein
Haben Sie schon selbst beobachtet, daß einer oder mehrere Mitarbeiter eher als Außenseiter behandelt werden?	❏ Ja	❏ Nein
Gibt es Bemühungen von Ihnen oder Ihren Kollegen, Außenseiter bewußt zu integrieren?	❏ Ja	❏ Nein
Ist bei Ihnen sichergestellt, daß der fachliche Informationsfluß tatsächlich ohne Ausnahme jeden erreicht, den es angeht?	❏ Ja	❏ Nein
Ist Ihnen schon einmal aufgefallen, daß im Laufe der Jahre immer die Kollegen kündigen, die man im nachhinein eher als Außenseiter bezeichnen könnte?	❏ Ja	❏ Nein

Beispiel: Im Verwaltungstrakt eines größeren Industriebetriebes herrscht das Großraumbüro vor. Jeder Bereich sitzt möglichst geschlossen in einem Großraum beieinander. Weil eine Abteilung von der Kopfzahl her kleiner geworden ist, nutzt die Geschäftsleitung den freigewordenen Platz, um einen anderen Mitarbeiter, der aber organisatorisch nicht zu der Abteilung gehört, dort unterzubringen. Diese personelle Maßnahme, die ohne vorherige Besprechung mit den Mitarbeitern durchgeführt wurde, wird prompt von diesen abgelehnt. Ohne daß man gegen diesen nun mit im Büro sitzenden Kollegen irgend etwas Bestimmtes hätte, lehnt die Abteilung insgesamt einen »Fremdling« ab. Man will weiter unter sich bleiben.

In diesem Fall gab es keine Gerüchte über oder gegen diesen Kollegen. Er wurde nur einfach von den übrigen Mitarbeitern der Abteilung regelrecht hinausgeekelt. Er wurde wie Luft behandelt, und jeder Wunsch wurde ihm abgeschlagen. Machte er das Fenster auf, so machten andere es wieder zu. Ließ er das Sonnenschutzrollo herunter, so machten es die anderen wieder hoch. Die Abteilung feierte, ohne ihn zu beteiligen. Tatsächlich hielt es der Kollege dort nicht lange aus.

Eine derartige Mobbingaktion kommt in einem Betrieb um so seltener vor, je besser über personelle Veränderungen, Versetzungen oder Umorganisationen vorher mit den betroffenen Mitarbeitern kommuniziert wird. Gibt es nur einseitige Hauruck-Aktionen seitens der Geschäftsleitung, so ist mit hoher Wahrscheinlichkeit damit zu rechnen, daß solche Aktionen in der Umsetzung von Mitarbeitern boykottiert werden können.

Wenn die Geschäftsleitung allerdings schon vorher die zu erwartende Reaktion der betroffenen Mitarbeiter abklopft, so kann sie ihre Überlegungen entsprechend flexibel gestalten und potentiellen Widerstand von vornherein umgehen. Keine Frage, daß sowohl für die Mitarbeiter als auch für das Unternehmen die Vorgehensweise mit der vorherigen Information wirtschaftlich sehr viel vernünftiger ist.

Die sexuelle Variante 3

Wann sexuelles Mobbing besonders häufig droht	38
Besonders brutal: Die sexuelle Anmache	41
Wo wird gemobbt?	42
Mobbing gibt es immer und überall	44
Wie sich Führungswechsel auf das Mobbing auswirken	45
Der kleine Betrieb auf dem Lande	48
Die große Firma	50
Mobbing in der Behörde	51

3 Die sexuelle Variante

Um den vorigen Überschriften treu zu bleiben: Mobbing durch sexuelle Nötigung ist ein besonders schnell wirkendes Gift!

> *Beispiel:* Eine Mitarbeiterin in einem Büro muß sich ständig »lockere Sprüche« von ihren beiden männlichen Kollegen anhören. Schon nach wenigen Wochen werden diese Sprüche immer frecher und direkter. Ihr – attraktives – Äußeres wird immer deutlicher zum Inhalt der losen Reden ihrer Kollegen. Schon nach einem Vierteljahr verkrampft die Mitarbeiterin immer mehr, sie geht nicht mehr gerne zur Arbeit und wird schließlich krank.

Das geschilderte Beispiel spielt sich tausendfach an den unterschiedlichsten Arbeitsplätzen ab. Untersuchungen haben gezeigt, daß nach wie vor erschreckend oft bei den männlichen Kollegen in erheblichem Maße Gedankenlosigkeit mit im Spiel ist. Im Unterschied zu den anderen Mobbing-Varianten handelt es sich vielfach gar nicht um eine Verhaltensweise mit dem Ziel, dem Mobbingopfer – also der Kollegin – Schaden beizufügen.

Vielfach hört man von den männlichen Kollegen, die durch ihre sexuellen Anzüglichkeiten negativ aufgefallen sind, die betroffene Kollegin habe doch auch scherzhaft reagiert. Das sind alles nur Ausreden!

Wann sexuelles Mobbing besonders häufig droht

Checken Sie mit Checkliste 5 Ihre eigene Umgebung.

Checkliste 5: Wann sexuelles Mobbing besonders häufig droht

Werden an Ihrem Arbeitsplatz oder in den Pausen Sprüche oder Witze mit sexuellem Inhalt gemacht? ❏ Ja ❏ Nein

Werden derartige Bemerkungen nur gemacht, wenn ausschließlich männliche oder weibliche Kollegen oder Kolleginnen zusammen sind? ❏ Ja ❏ Nein

Machen an Ihrem Arbeitsplatz Männer auch derartige Bemerkungen, wenn weibliche Kolleginnen dabei sind? ❏ Ja ❏ Nein

Werden Bemerkungen mit sexuellem Inhalt wiederholt in Gegenwart einer bestimmten Kollegin gemacht? ❏ Ja ❏ Nein

Haben Sie schon einmal erlebt, daß eine weibliche Kollegin auf eine sexuelle Bemerkung sehr reserviert reagiert? ❏ Ja ❏ Nein

Gibt es bei Ihnen männliche Kollegen, die anderen Kollegen auf deren sexuelle Äußerungen ansprechen oder sogar bremsen? ❏ Ja ❏ Nein

Wenn eine Kollegin gereizt auf ein sexuelles Thema reagiert, ist das Thema damit dann auch erledigt? ❏ Ja ❏ Nein

Haben Sie in Ihrem Betrieb schon einmal erlebt, daß sexuelle Belästigungen zu irgendwelchen Konsequenzen geführt hat? ❏ Ja ❏ Nein

Während ein starkes sexuelles Mobbing alleine schon durch ständige verbale Belästigung ausgeübt werden kann, so wird sie dennoch durch den körperlichen Kontakt noch übertroffen.

> *Beispiel:* Der Gruppenleiter hält es für selbstverständlich, daß er eine seiner jüngeren Sachbearbeiterinnen bei dienstlichen Kontakten regelmäßig körperlich berührt. Oft legt er nur einfach die Hand auf ihre Schulter, während er ein Schriftstück auf ihren Schreibtisch legt. Ein anderes mal lehnt er sich an sie und umfaßt ihre Hüfte, während sie durch eine Bürotür geht. Auch kommt es schon einmal vor, daß er mit einer kurzen Handbewegung ihre Haare aus dem Gesicht streicht. Ihre Reaktionen auf all diese Berührungen sind gleich Null. Sie reagiert weder positiv noch negativ. Doch auch hier häufen sich bei der jungen Sachbearbeiterin schon bald die Krankheitszeiten.

Zur Kategorie des ersten Beispielfalles gibt es hier zwei wesentliche Unterschiede: Erstens ist ganz offensichtlich weder von Sex die Rede, noch wird er zweitens sonstwie thematisiert. Aber der Hauptunterschied besteht darin, daß es hier zur körperlichen Berührung kommt.

Woher nimmt der Vorgesetzte das Recht, seine Sachbearbeiterin in derartiger Weise zu berühren? Was haben diese körperlichen Berührungen mit einem Arbeitsverhältnis zu tun? Merkt der Vorgesetzte eigentlich nicht, daß er ausschließlich seine Vorgesetztenstellung ausnutzt? Glaubt er etwa womöglich noch, die Sachbearbeiterin würde sein Verhalten auch zulassen, wenn er nicht der Vorgesetzte wäre?

Auch hier bringen Forschungsergebnisse immer wieder in erschreckender Weise zu Tage, daß sich männliche Vorgesetzte wie selbstverständlich das Recht zu derartigen Berührungen herausnehmen, ohne überhaupt den Gedanken zu haben, daß das weibliche Opfer vielleicht mit dem körperlichen Kontakt gar nicht einverstanden ist. Oft begründen männliche Vorgesetzte ihr Verhalten damit, daß dadurch der Umgang am Arbeitsplatz und in der Abteilung allgemein natürlicher und menschlicher sei.

Auch wird gern argumentiert, daß gegenüber männlichen Kollegen und vor allem nachgeordneten Mitarbeitern die körperliche Berührung ja schließlich auch an der Tagesordnung sei. Es wird dann regelmäßig vor allem auf das berühmte »Auf-die-Schulter-Klopfen« hingewiesen. Aber mal ehrlich: Ist das vergleichbar? Natürlich nicht.

Besonders brutal: Die sexuelle Anmache

Die krasseste und brutalste Methode des Mobbings durch sexuellen Mißbrauch stellt natürlich die direkte sexuelle Anmache dar. Wie häufig dies am Tatort Arbeitsplatz der Fall ist, kann letztlich niemand genau sagen. Die Dunkelziffer ist hoch. Fest steht jedenfalls: Neu ist das Thema nicht.

> *Beispiele:* Der Chef gibt in seinem Büro seiner jungen Sekretärin unter vier Augen unmißverständlich zu verstehen, daß er gerne einmal mit ihr auf Dienstreise gehen und nur ein Doppelzimmer buchen würde.
>
> Die körperlichen Berührungen am Arbeitsplatz des männlichen Kollegen gegenüber seiner weiblichen Kollegin nehmen schon eindeutig sexuellen Charakter an und berühren Stellen, die normalerweise dem jeweiligen Lebenspartner vorbehalten sind.

> Im gewerblichen Bereich eines Industriebetriebes werden die wenigen weiblichen Mitarbeiterinnen wiederholt und eindeutig aufgefordert, die obligatorische Dusche nach der Arbeit doch zusammen mit den männlichen Kollegen wahrzunehmen.

Wenn in den Beispielfällen die jeweiligen Opfer mehrfach eine derartige sexuelle Belästigung erleben müssen, so kommt es erfahrungsgemäß ganz schnell zu Reaktionen auf das Mobbing. Entweder versuchen die Opfer, sich der Situation durch organisatorische Veränderungen zu entziehen, oder sie zeigen sehr schnell Krankheitszeichen und gehen in die Flucht.

Achtung: Ob ein Fall des Mobbings aufgrund wiederholter sexueller Anmache vorliegt, hat überhaupt nichts damit zu tun, ob die sexuelle Aufforderung als solche erfolgreich war oder nicht. Natürlich wird man nicht gerade von Mobbing sprechen, wenn sich zwei Arbeitskollegen bei ihrem gemeinsamen Arbeitgeber kennenlernen und anschließend ein glückliches Paar werden. Es soll Statistiken geben, nach denen der Grundstein für die meisten Eheschließungen immer noch der Arbeitsplatz ist. Aber in fast allen übrigen Fällen wird früher oder später das sexuelle, belästigte Opfer persönliche Probleme haben, und Auswirkungen auf das Arbeitsverhältnis und den Arbeitsplatz sind programmiert. Inwieweit Ihr Arbeitsplatz für sexuelles Mobbing anfällig ist, können Sie durch Checkliste 6 auf Seite 43 feststellen.

Wo wird gemobbt?

Beim Thema Mobbing geht es den meisten wie mit vielen Themen: Jeder weiß, was es ist, jeder hat davon gehört, und

Checkliste 6: Ist Ihr Arbeitsplatz für sexuelles Mobbing besonders anfällig?

Wissen Sie, ob man einem oder mehreren Männern in Ihrem Betrieb nachsagt, daß sie sexuellen Kontakt zu anderen Kolleginnen hatten? ❏ Ja ❏ Nein

Gibt es in Ihrem Betrieb Männer, die sich mit sexuellen Erfolgen gegenüber Kolleginnen sogar brüsten? ❏ Ja ❏ Nein

Können Sie beurteilen, ob an diesen Gerüchten oder Verhaltensweisen etwas Wahres dran ist? ❏ Ja ❏ Nein

Können Sie ausschließen, daß diese Männer ihre Vorgesetztenstellung zu ihren sexuellen Erfolgen mißbraucht haben? ❏ Ja ❏ Nein

Wissen Sie, von welcher Seite die Initiative zu den sexuellen Aktivitäten ausging? ❏ Ja ❏ Nein

Ist Ihnen bekannt, ob anschließend die weiblichen Arbeitskolleginnen aus dem Arbeitsverhältnis ausgeschieden sind? ❏ Ja ❏ Nein jeder ist davon überzeugt, daß es ihn nicht treffen könne. Daß das nicht richtig sein kann, ist logisch, denn sonst gäbe es Mobbing gar nicht. Andererseits: Gibt es nicht Gegenden, in denen Mobbing weiter verbreitet ist als anderswo? Gibt es nicht Zeiten, zu denen besonders viel gemobbt wird? Gibt es nicht Betriebsarten und Branchen, bei denen Mobbing besonders häufig vorkommt?

Mobbing gibt es immer und überall

Glauben Sie, daß Mobbingaktivitäten an eine bestimmte Tageszeit oder an eine bestimmte Jahreszeit gebunden sind? Nein? Dann liegen Sie richtig! Diesen einfachen Umstand muß man sich einmal bewußt machen, damit Sie nicht Gefahr laufen, an Mobbing als Täter oder Opfer teilzunehmen, obwohl Sie – zum Beispiel morgens – noch gar nicht richtig »wach« sind.

> *Beispiel:* Seit einiger Zeit häufen sich Gerüchte über einen Kollegen, daß dieser am Wochenende ein ausschweifendes Leben als Transvestit führt. Der Kollege reagiert auf die Gerüchteküche zunehmend nervöser. Gleich am Montagmorgen – Sie sind gedanklich noch in der heilen Welt des Wochenendes – werden auch Sie in ein Gespräch mit einbezogen, bei dem darüber gelästert wird, ob der betreffende Kollege sich wohl diesmal vor Arbeitsaufnahme ordentlich abgeschminkt habe. Bevor Sie es überhaupt richtig realisieren, sind Sie selbst Teilnehmer dieser Mobbingaktion.

Achtung: Wegen des fließenden Übergangs von reinem Klatsch und liebevollen Sticheleien zu schädlichem Mobbing gibt es tatsächlich überhaupt keine Zeiten oder Gelegenheiten, zu denen Mobbing auszuschließen ist. Es ist vielmehr gerade während der Entspannungssituationen – also, wenn es nicht nur um die rein sachliche Arbeit geht – verstärkt mit Mobbingaktivitäten zu rechnen. Die Ursache ist relativ einfach zu erklären: In diesen Situationen gibt es Freiräume neben der Arbeit, in denen man sich auch anderen Dingen widmen kann.

Wie sich Führungswechsel auf das Mobbing auswirken

Ein anderes Phänomen sollten Sie kennen, wenn Sie Ihre eigene Situation zum Mobbing durchdenken: Grundsätzlich ist Mobbing zwar nicht an bestimmte Zeiten gekoppelt, aber es steht fest, daß sich Mobbing nochmals ganz erheblich verschärft, wenn durch häufigen Führungswechsel die Stimmung im Betrieb verunsichert ist. Das muß übrigens nichts mit einem drohenden Verlust von Arbeitsplätzen zu tun haben!

Häufiger Führungswechsel schafft vielmehr ein Vakuum an betrieblicher Identität, das natürlich sofort von allen möglichen Kräften in einem Betrieb ausgenutzt wird. Anders ausgedrückt: Fehlt die ordnende Hand, so entstehen viele kleine »Könige« und »Königinnen«, die ihr Unwesen treiben. Sie schaffen sich ihre eigenen »Hoheitsgebiete« und verteidigen diese. Das führt natürlich ganz selbstverständlich zu zahllosen Situationen, die Mobbing in jeder Variation darstellen.

Demgegenüber ist bisher nicht bewiesen, daß es einen Zusammenhang zwischen Arbeitsplatzangst und Mobbing gibt. Auch wenn das sehr oft behauptet wird und auf den ersten Blick auch einleuchtend erscheint: Wenn ein Teil der Mitarbeiter den Arbeitsplatz verlieren soll, so liegt es doch nahe, daß Mitarbeiter durch Mobbingmethoden dafür sorgen, daß nicht sie selbst, sondern jemand anders seinen Platz räumen muß.

Aber: In der Praxis sieht es wohl so aus, als wäre diese Argumentation doch zu einfach. Im Normalfall wird der Arbeitsplatzabbau aus wirtschaftlichen Gründen sehr stark von der Geschäftsleitung oder Personalleitung persönlich betrieben und kontrolliert.

Jeder weiß, daß in der Praxis in erster Linie nach wirtschaftlichen Gründen entschieden wird, welcher Arbeitsplatz erhalten bleibt und welcher nicht. Wenn die entsprechenden Entscheidungen feststehen, werden diese zumeist auch sehr schnell umgesetzt. Es sieht wohl so aus, als bliebe dann für Mobbing nicht mehr genügend Zeit, um die Entscheidung noch zu beeinflussen. Andererseits muß wohl auch bezweifelt werden, daß sich eine Geschäftsleitung, die zum Personalabbau gezwungen ist, durch Mobbingaktivitäten in ihren Entscheidungen beeinflussen läßt.

Untersuchungen haben auch nicht die Behauptung bestätigen können, daß durch die erhöhte Nervosität unter den Mitarbeitern bei Angst um den Arbeitsplatz besonders häufig Mobbing betrieben würde. Auch hier scheint das Gegenteil der Fall zu sein: Im allgemeinen steigt der Arbeitsdruck in einer solchen Situation ganz rapide an, so daß die Mitarbeiter in ihrer Gesamtheit vor lauter Arbeit gar nicht dazu kommen, sich mit gezieltem Mobbing zu beschäftigen.

Andersherum scheint eher ein Schuh daraus zu werden: Je sicherer die Arbeitsplätze sind und je weniger der einzelne Mitarbeiter in einem unmittelbaren Existenzkampf steckt, desto mehr besteht Gelegenheit, sich dem Thema Mobbing zu widmen. Das wird jedenfalls von zahlreichen Fachleuten behauptet. Lesen sie dazu Checkliste 7 auf Seite 47.

> **Checkliste 7: Bestehen Parallelen zu Ihrer eigenen Situation?**
>
> Kursieren bei Ihnen zu bestimmten Anlässen häufiger als sonst Gerüchte über andere Kollegen?   ❏ Ja   ❏ Nein
>
> Gibt es in Ihrem Betrieb einen Zusammenhang zwischen Aktivitäten der Geschäftsleitung und dem Auftreten von Mobbing?   ❏ Ja   ❏ Nein
>
> Widmen Sie sich persönlich vielleicht gerade jetzt dem Thema Mobbing, weil in Ihrem Betrieb Arbeitsplätze eingespart werden sollen?   ❏ Ja   ❏ Nein
>
> Haben Sie das Gefühl, daß in Ihrem Betrieb so gezielt gemobbt werden kann, daß Entscheidungen der Geschäftsleitung beeinflußt werden können?   ❏ Ja   ❏ Nein

Eine regional unterschiedliche Häufung von Mobbing in Betrieben ist wissenschaftlich nicht erwiesen. Wenn jemand etwas anderes behaupten sollte, so muß genau hingeschaut werden, ob hier nicht lediglich Vorurteile aufgegriffen werden. Richtig ist einzig und alleine nur, daß überall dort, wo sich Menschen zusammenfinden, um gemeinsam einer Arbeit nachzugehen, Mobbing prinzipiell möglich ist. Im übrigen ist der Ort völlig egal.

Der kleine Betrieb auf dem Lande

Beispiel: Am Rande der Lüneburger Heide gibt es eine Legebatterie, in der Hühnereier produziert werden. Es handelt sich um eine ältere, vergleichsweise kleine Einheit. Es sind etwa 30 Mitarbeiter beschäftigt. Nach dem Fall der innerdeutschen Grenze wurden von der Betriebsleitung schon bald drei neue Mitarbeiter eingestellt, die aus den neuen Bundesländern kamen.
Obwohl anfänglich schnell eine harmonische Zusammenarbeit zwischen den alten und den neuen Mitarbeitern hergestellt werden konnte, kam es schon bald zu Spannungen. Es war zu bemerken, daß die alteingesessenen westdeutschen Mitarbeiter ihre ostdeutschen Kollegen überaus aufmerksam beobachteten. Jedes noch so kleine andersartige Verhalten wurde sofort registriert und in einen Zusammenhang mit der früheren »DDR« gestellt. Die Sticheleien nahmen zu.
Einige Zeit später waren die westdeutschen Kollegen davon überzeugt, daß ihre ostdeutschen Kollegen weniger und langsamer arbeiteten als sie selbst. Automatisch nahm die Hilfsbereitschaft immer mehr ab. Schließlich litt die alltägliche Zusammenarbeit. Die ostdeutschen Kollegen durften bald nur noch die undankbaren und unangenehmsten Arbeiten verrichten, weil die westdeutschen Kollegen nichts mehr mit ihnen zu tun haben wollten. Bald darauf schieden die drei neuen Kollegen aus dem Betrieb wieder aus.

Dieses Beispiel aus der Praxis hat Aufsehen erregt, als ein Journalist es für eine große deutsche Illustrierte aufbereitete. Das Beispiel zeigt deutlich, welche Macht Mobbing tatsächlich hat, wenn niemand ihm Einhalt gebietet. Hier hat es sogar einen politischen Hintergrund und trifft gleich drei Mitarbeiter. Experten gehen davon aus, daß gerade die innerdeutsche Problematik um den Fall der Mauer, die sich »in den Köpfen der Menschen befindet«, unzählige von Mobbingopfern gefordert hat und noch immer fordert.

> *Beispiel:* In der kleinen Stadt am Neckar gibt es eine Fleischwarenfabrik, die nach dem Krieg aus einem Handwerksbetrieb hervorgegangen ist. Es werden dort knapp 100 Mitarbeiter beschäftigt. Der ganz überwiegende Teil der Mitarbeiter ist in der Produktion der Wurstwaren beschäftigt, und nur ein kleiner Teil von Angestellten bildet die Verwaltung.
> Eine weibliche Auszubildende kann aufgrund einer Vakanz in der Buchhaltung übernommen werden. Nach einigen Monaten wird es für jedermann offensichtlich, daß diese junge Frau ein Verhältnis mit einem der gewerblichen Mitarbeiter angefangen hat. Dieser stammt aus dem Mittelmeerraum und wird als ungelernte Kraft im Betrieb damit beschäftigt, die Paletten mit den Dosenkonserven zu dem Kochofen zu fahren.
> Die übrigen Angestellten sind allesamt entsetzt, als die beiden aus ihrer Verbindung keinen Hehl mehr machen. Es werden Zweifel an der Vernunft und der Ernsthaftigkeit der jungen Frau laut. Auch ihr Charakter wird in Frage gestellt, denn dieser muß ja zweifelhaft sein, wenn sie sich nicht um eine »standesgemäße« Partie bemüht.
> Das ganze Gerede und auch gut gemeinte Ratschläge bewirken bei der jungen Frau nur Trotzreaktionen. Schon bald wird sie im Kollegenkreis unter den Angestellten nicht mehr für voll genommen. Sie wird isoliert, und sie isoliert sich auch selber. Das Schicksal nimmt unaufhaltbar seinen Lauf. Erst folgen noch einige Krankheitszeiten, doch dann wird das Arbeitsverhältnis sogar seitens des Betriebes beendet.

Wie dieser Fall aus der Praxis zeigt, kann eine kleinstädtische Umgebung für sich genommen den Nährboden für Mobbingfälle darstellen, wenn bestimmte Umstände zusammentreffen. Mit einiger Vorsicht wird man wohl behaupten können, daß abweichendes Sozialverhalten im privaten Bereich in ländlicheren Gebieten eher zu Mobbing führen kann als in einer Großstadt.

Die Ursache liegt einfach darin, daß im ländlichen Bereich das Privatleben meistens offensichtlicher ist. Es hat keineswegs etwas damit zu tun, daß die Menschen dort weniger tolerant sind als in der Großstadt. Das wäre sicherlich eine falsche Schlußfolgerung.

Die große Firma

Beispiel: In einer großen Chemiefabrik im Frankfurter Raum sind mehrere zehntausend Menschen beschäftigt. Das Unternehmen unterhält ein eigenes Forschungslabor und besitzt sehr gute Kontakte zu wissenschaftlichen Hochschulen. An einem bestimmten Forschungsvorhaben arbeiten wegen der Wichtigkeit und Komplexität mehrere junge Wissenschaftler im Team. Darunter auch zwei junge, recht attraktive Frauen.
Für eine Präsentation der Forschungsergebnisse gegenüber der auch beteiligten Hochschule wird von dem Vorgesetzten einer der beiden Frauen eine hervorgehobene Rolle zugedacht. Sie erledigt ihre Aufgabe auch glänzend. Im anschließenden betrieblichen Alltag wird sie zur Zielscheibe ihrer Kollegin, die sich ungerechtfertigt zurückgesetzt fühlt.
In Windeseile verbreitet sie Gerüchte über den angeblich »wahren« Hintergrund der Auszeichnung der Kollegin.

> Daraus werden ganz schnell handfeste Männergeschichten.
> Immer mehr tritt die berufliche Leistung der ausgezeichneten Kollegin in den Hintergrund. Sie wird zunehmend beobachtet und zum Lieblingsthema aller Pausengespräche. Natürlich spürt sie schon bald die Veränderung um sie herum. Sie wird auch immer nervöser. Letztlich wird ganz offensichtlich, daß ihre bis dahin so hervorragende Arbeitsleistung unter dem Druck leidet. Für die zurückgesetzte Kollegin ist es ein Kinderspiel, mit immer neuen Spitzfindigkeiten das Mobbing am Leben zu halten.

Dieser Praxisfall zeigt, daß auch der Großbetrieb in keiner Weise vor Mobbing sicher ist. Hochqualifizierte Mitarbeiter mit wissenschaftlichem Anspruch sind genauso anfällig für Mobbing wie Mitarbeiter in einfacheren Strukturen.

Die Begründung dafür, daß auch in Großbetrieben Mobbing weit verbreitet ist, ist ganz einfach: Mobbing setzt nur voraus, daß sich Mobbingtäter und Mobbingopfer kennen. Zwar kennen sich in einem Großbetrieb nicht die tausend Mitarbeiter alle untereinander, aber auch dort gibt es schließlich zum Funktionieren der Arbeitsabläufe überschaubare Einheiten, in denen sich die Mitarbeiter dann wieder kennen. Nichts anderes ist in dem vorgenannten Beispielfall in dem Chemieunternehmen passiert.

Mobbing in der Behörde

Gerade die Experten, die einen starken Zusammenhang zwischen der heutigen Massenarbeitslosigkeit und den daraus resultierenden Arbeitsdruck sowie der Häufung von Mobbingfällen sehen, haben schnell Argumentationsprobleme, wenn es um die Frage der Mobbinghäufigkeit im öffentlichen Dienst geht. Es wird dann allen Ernstes behauptet, im öffentlichen Dienst könne die Mobbing-Problematik schon deshalb nicht so häufig auftreten, weil der Arbeitsdruck im öffentlichen Dienst nach wie vor nicht so hoch sei wie in der Privatwirtschaft.

Andererseits ist es aber gerade landauf und landab sprichwörtlich, daß ausgerechnet in den Amtsstuben besonders häufig gemobbt wird. Das Argument dafür lautet, daß Mobbing besonders dann blüht, wenn die Mitarbeiter neben der Arbeit genug Zeit und Freiraum haben, sich dem Mobbingtreiben zu widmen.

Aber: Das ist zumindest an dieser Stelle eine brotlose Diskussion und hilft Ihnen keinen Schritt weiter. Viel schlimmer ist, daß durch das Mobbinggeschehen in einer Behörde Ihre Interessen als Bürger auch in Mitleidenschaft gezogen werden können.

> *Beispiel:* Tatort ist die örtliche Baugenehmigungsbehörde in einem Ort im Saarland. Die junge Familie, die in dem Ort zur Miete wohnt, hat endlich grünes Licht von ihrer Bank bekommen, daß sie den Bau des familiengerechten Eigenheims nunmehr in Angriff nehmen kann. Voller Zuversicht wird der Bauantrag gestellt. Wie das Schicksal so spielt, entbrennt zeitgleich in der den Antrag bearbeitenden Behörde ein wunderschöner Reigen an Mobbing.

Der Hintergrund dafür ist, daß es Gerüchte über eine zukünftige Bevorzugung von Frauen bei der Besetzung von

Beförderungsstellen gibt. Sofort entsteht eine Mobbingaktion einiger Männer gegen eine Kollegin, die man auf gar keinen Fall auf einem Vorgesetztenposten sehen möchte. Zugleich entsteht noch eine zweite Mobbingaktion von einigen Kolleginnen gegen eine andere weibliche Mitarbeiterin, deren Beförderung wiederum den Kolleginnen nicht genehm wäre. Beide Aktionen führen sehr schnell zu ernsthaften Arbeitsablaufstörungen innerhalb der Baubehörde.

Allein die Einschaltung des Personalrats zur Klärung einiger intriganter Behauptungen kostet erhebliche Arbeitszeit aller Beteiligten, weil der Personalrat dem Sachverhalt durch Befragungen außerordentlich gründlich auf den Grund geht. Ohne daß einer der Beteiligten der armen Familie, die so hoffnungsfroh den Bauantrag gestellt hat, einen Schaden zufügen will, muß diese doch trotzdem eine längere Wartezeit bis zur Genehmigung ihres Bauantrages in Kauf nehmen, weil die Unterlagen einfach nicht mit der sonst üblichen Intensität bearbeitet werden können.

Natürlich erfahren die Familie und alle anderen Antragsteller, die zu diesem Zeitpunkt irgendeinen dienstlichen Kontakt mit der Baubehörde haben, nichts von den Hintergründen der etwas längeren Bearbeitungszeit. Bei einer entsprechenden Nachfrage wird allerhöchstens auf die enorme Arbeitsüberlastung der Behördenmitarbeiter hingewiesen.

Genauso wie ein Privatbetrieb extreme wirtschaftliche Schäden durch Mobbing innerhalb seiner Mitarbeiterschaft in Kauf nehmen muß, gibt es also auch bei Mobbing innerhalb der Amtsstuben eine Außenwirkung. Nun entsteht strenggenommen bei der öffentlichen Hand kein direkter und meßbarer Schaden, doch es kann sehr leicht – neben dem eigentlichen Mobbingopfer – auch der steuerzahlende Bürger in einen Nachteil geraten.

Im übrigen gilt für das Mobbing in der Behörde nichts Besonderes. Alle Spielarten kommen vor. Es gibt auch hier keine Unterschiede nach Größe der Behörde. Erst recht gibt es keinen Unterschied nach der regionalen Lage oder Aufgabenstellung. Anders ausgedrückt: Das Außenministerium in der deutschen Hauptstadt ist genauso Tatort wie das Hafen- und Schiffahrtsamt in der Kleinstadt an der deutschen Ostseeküste.

Wer ist der Mobber?

Wer mobbt mehr: Frauen oder Männer? 56

Immer wieder Kollegen als Mobbingopfer 59

Mobbing von oben nach unten 63

Mobbing von unten nach oben 68

4 Wer ist der Mobber?

Es gibt unzählige Untersuchungen, die sich mit der Frage beschäftigen, ob es einen typischen Mobbingtäter oder eine typische Mobbingtäterin gibt. Wenn eine Frage untersucht wird, muß sie natürlich auch beantwortet werden. Das kann dann so aussehen, daß typische Charaktermerkmale von Mobbingtätern oder deren Kombination in einer Person dargestellt werden. Liest man diese »Tätertypen« dann einmal in Ruhe und mit kritischen Augen, so kann durchaus schon der Eindruck entstehen, daß eigentlich alle Typen vertreten sind, die die Menschheitsgeschichte so vorbringen kann.

Auf jeden Fall kann nur vor einem gewarnt werden: Wenn Sie persönlich den Eindruck haben, ein Kollege von Ihnen kann nach seiner Persönlichkeitsstruktur auf gar keinen Fall ein Mobbingtäter sein, so verlassen Sie sich bloß nicht für den Rest Ihres Lebens darauf!

Und auch umgekehrt gilt: Wenn Sie zu der Erkenntnis gelangen, ein Kollege ist genau der Typ, der für Mobbing gut ist, so können Sie sich auch auf gar keinen Fall auf diese Feststellung verlassen!

Wer mobbt mehr: Frauen oder Männer?

Hierbei handelt es sich um das zweite Lieblingsthema der wissenschaftlichen Untersuchungen zum Thema Mobbing: Wer mobbt mehr – Frauen oder Männer? Mobben Frauen anders als Männer? Mobben Frauen gnadenloser als Männer? Mobben Männer schneller als Frauen? Wie sieht es an Ihrem Arbeitsplatz aus (Checkliste 8 auf Seite 57)?

Checkliste 8: Prüfen Sie vorab Ihre eigene Situation

Nehmen nach Ihrer Beobachtung
an Mobbingaktionen in Ihrem
Betrieb Männer und Frauen
gemeinsam teil?   ❏ Ja   ❏ Nein

Haben Sie schon einmal beobachtet,
daß ein Mobbinggerücht nur unter
Männern oder nur unter Frauen
gelaufen ist?   ❏ Ja   ❏ Nein

Lag es in der Natur des Betriebes,
daß eine Mobbingaktion auf Männer
oder Frauen beschränkt blieb?   ❏ Ja   ❏ Nein

Ist Ihnen einmal aufgefallen, daß an
einer Mobbingaktion nur Frauen
beteiligt waren, obwohl genauso
gut Männer daran hätten beteiligt
werden können?   ❏ Ja   ❏ Nein

Hatten Sie schon einmal den Eindruck,
daß eine Mobbingaktion von Frauen
konsequenter ein Mobbingopfer
erledigte als eine Mobbingaktion
von Männern?   ❏ Ja   ❏ Nein

Ist Ihnen schon einmal in Ihrem
Betrieb aufgefallen, daß es mehr
Mobbing unter Frauen gibt als
unter Männern?   ❏ Ja   ❏ Nein

> Haben Sie schon einmal erlebt, daß eine Mobbingaktion unter Männern von weiblichen Betriebsmitgliedern unterbunden wurde?   ❏ Ja   ❏ Nein
>
> Können Sie bestätigen, daß Frauen eher durch Gerüchte mobben?   ❏ Ja   ❏ Nein
>
> Können Sie bestätigen, daß Männer eher durch Verhalten mobben?   ❏ Ja   ❏ Nein

Überprüfen Sie nun bitte einmal, ob Sie aus den Fragen irgendwelche Schlußfolgerungen ableiten können! Erkennen Sie eine Unterscheidung nach Männern und Frauen als Mobbingtäter? Ein kleiner Tip: Achten Sie darauf, daß Sie die Fragen nicht parteiisch in Ihrer eigenen Rolle als Mann oder Frau beantworten! Ohne Zweifel ist es so, daß diese Fragen selbst schon einen leicht suggestiven Inhalt haben.

Wenn man überhaupt Feststellungen zu einem unterschiedlichen Mobbing von Frauen und Männern treffen will, so dürften wohl folgende Thesen am ehesten in Untersuchungen zu beweisen sein: Frauen mobben eher wegen Äußerlichkeiten als Männer.

Es scheint so zu sein, daß weibliche Mitarbeiter kritischer das äußere Erscheinungsbild ihrer Kolleginnen und Kollegen registrieren als ihre Kollegen. Diese These kann wohl – ganz grob verallgemeinert – mit dem Umstand erklärt werden, daß offenbar durchaus einiges dafür spricht, daß Frauen das Äußere ihres Gegenübers sorgfältiger registrieren als ein Mann.

Dasselbe gilt natürlich auch für ihr eigenes Äußeres.

Im Klartext: Unter weiblichen Mitarbeiterinnen kann es wohl eher vorkommen, daß sich jemand deshalb als Mobbingopfer wehrt, weil er ein unkorrektes, schmuddeliges oder auch nur nicht ausreichend angepaßtes Äußeres zur Schau trägt.

Ein weiterer Unterschied zu der Frage, wie Frauen und Männer als Mobbingtäter einzustufen sind, liegt bei der sexuellen Variante des Mobbings auf der Hand: Wie bereits im zweiten Kapitel dieses Buches beschrieben, wird Mobbing durch sexuelle Belästigung am Arbeitsplatz fast ausschließlich durch Männer ausgeübt. Dieser Umstand, der in der betrieblichen Praxis eine große Rolle spielt, wird an dieser Stelle einfach oft vergessen. Aber zu Unrecht!

Denn so einfach es sich auch anhört: Bei der sexuellen Belästigung am Arbeitsplatz sind nämlich nicht nur fast ausschließlich Männer die Mobbingtäter, sondern genauso fast ausschließlich sind nur Frauen die Mobbingopfer!

Das bringt an dieser Stelle natürlich zusätzlichen Zündstoff in die Diskussion: Gibt es denn eine spezielle Mobbingvariante, die sich in derselben Häufigkeit von Frauen gegen Männer richtet? Diese Frage muß wohl verneint werden.

Immer wieder Kollegen als Mobbingopfer

Die meisten der in diesem Buch schon vorgestellten Beispielfälle passen in diese Kategorie des Mobbings. Das Typische daran ist, daß der oder die Täter auf derselben hierarchischen Stufe innerhalb des Unternehmens stehen wie das Mobbingopfer selbst. Dabei kann es sich um eine sehr kleine Hierarchieebene handeln, oder aber auch um eine solche, der eine große Anzahl von Mitarbeitern und Mitarbeiterinnen angehört.

Beispiel: In dem großen Rundfunkhaus in Westdeutschland versucht eine Reihe von Redakteuren, eine mißliebige Kollegin durch Mobbing loszuwerden, die nach Ansicht der Redakteure eine unpassende politische Einstellung hat. Man ist unfreundlich zu ihr, überhaupt nicht hilfsbereit und gibt keine Informationen an sie weiter. Sie ist darauf angewiesen, sehr viel mehr als die anderen, die gesamte Arbeit für ihre Reportagen alleine zu bewältigen, so daß sie deutlich weniger Ergebnisse hervorbringt. Als die Isolation durch die Kollegen fortschreitet und wegen ihrer geringeren Redaktionsausbeute zudem erste kritische Bemerkungen des Vorgesetzten fallen, wirft sie das Handtuch. Sie sucht sich einen neuen Job und verläßt das Rundfunkhaus.

Dieses Beispiel ist geradezu ein klassischer Fall des Kollegenmobbings. Hier geht es einzig und allein darum, jemanden »fertigzumachen«, der angeblich nicht in die Gemeinschaft der Arbeitsplatzinhaber paßt. Zudem handelt es sich um eine Situation, in der das Mobbing ganz gezielt und ganz sachlich zur Erreichung eines bestimmten Zweckes von den Mobbingtätern eingesetzt wurde. Es handelt sich also in keiner Weise um eine emotionale oder spontane Reaktion.

Beispiel: Es geht um einen kleineren Maurerbetrieb in einer Kreisstadt. In der Mittagspause im Bauwagen wird eine Runde Bier aus einem vom Bauherrn spendierten Kasten verteilt. Einer der Maurerkollegen will nichts trinken. Sofort kommt sein Kollege auf den Gedanken, daß er dann eher zwei Flaschen trinken könne. Obwohl der Vorgang nicht so ungewöhnlich ist, kommt es

> diesmal zur schlechten Stimmung. Der eine Kollege macht dem anderen zum Vorwurf, er bereite sich immer eine Extrawurst und passe eigentlich gar nicht in die Truppe. Man geht in Unfrieden zur Arbeit.
> In den folgenden Tagen und Wochen kehrt die vorherige Stimmung auch nicht wieder zurück. Im Gegenteil versuchen beide Kontrahenten, die übrigen Kollegen auf ihre jeweilige Seite zu ziehen und über den Kontrahenten Gerüchte in Umlauf zu setzen. Es fällt den anderen Kollegen auf Dauer schwer, nicht für irgendeine Seite Partei zu ergreifen. Die Folge ist, daß das beiderseitige Mobbing unter den Kollegen reichlich Nährboden findet.

Sie können sich sicherlich leicht vorstellen, wie sehr in dieser Situation die Zusammenarbeit innerhalb dieses Bautrupps leidet. Man sieht geradezu vor sich, wie die Leistung dieses Bautrupps, im Vergleich zu sonst, immer schlechter ausfällt. Tagtäglich stehen Chefs und Vorgesetzte vor so einer für sie unerklärlichen Situation und fragen sich verzweifelt, warum die Leistung der Mitarbeiter mit einem Mal so rapide in den Keller geht. Unter Umständen bekommen sie nie die richtige Antwort, wenn sie nicht durch Zufall auf das Mobbing aufmerksam werden.

Es soll allerdings auch Chefs geben, die zwar merken, daß gemobbt wird, die aber einfach nicht glauben wollen, daß das schlechte Arbeitsergebnis tatsächlich eine unmittelbare Folge der Mobbingaktion sein kann.

Wenn Sie bei der Beantwortung der Checkliste 9 auf Seite 62 f. einige Fragen bejaht haben, so können Sie davon ausgehen, daß in Ihrem Betrieb günstige Voraussetzungen für das Mobbing bestehen. Vor allem, wenn während der Arbeitspausen und im Freizeitbereich die betriebliche

Checkliste 9: Mobbing auf derselben betrieblichen Ebene

Ist Ihnen in Ihrem Betrieb schon einmal aufgefallen, daß Mobbinggerüchte nicht weiter ausgebreitet werden, wenn jemand aus einer deutlich anderen hierarchischen Ebene persönlich hinzukommt?   ❒ Ja   ❒ Nein

Haben Sie in Ihrem Betrieb schon einmal bemerkt, daß jemand aus einer anderen hierarchischen Ebene gar keine Kenntnis über einen Mobbingfall hatte?   ❒ Ja   ❒ Nein

Ist es Ihnen persönlich schon einmal passiert, daß Sie erst im nachhinein von einem Mobbingfall erfahren haben, der sich unterhalb oder oberhalb Ihrer eigenen betrieblichen Ebene abspielte?   ❒ Ja   ❒ Nein

Gibt es in Ihrem Betrieb während der Pausenzeiten eine starke Trennung zwischen den Mitarbeitern der verschiedenen betrieblichen Ebenen?   ❒ Ja   ❒ Nein

Gibt es in Ihrem Betrieb verschiedene Kantinen für unterschiedliche Mitarbeiterebenen?   ❒ Ja   ❒ Nein

> Ist es in Ihrem Betrieb auffällig, daß beim Betriebssport, die Mitarbeiter der verschiedenen Ebenen ebenfalls unter sich bleiben? ❏ Ja ❏ Nein
>
> Feiern in Ihrem Betrieb die Mitarbeiter unterschiedlicher hierarchischer Stufen ihre Betriebsfeierlichkeiten unter sich? ❏ Ja ❏ Nein

Hierarchie durch getrennte Kantinen oder getrennte Betriebsfeierlichkeiten weiter fortgilt, so ist es natürlich leicht zu erklären, daß das Mobbing dann auch auf derselben betrieblichen Ebene verbleibt.

Mobbing von oben nach unten

Hierbei handelt es sich um eine Spielart des Mobbings, die eigentlich von allen, die sich vertieft mit dem Thema auseinandergesetzt haben, als besonders gemein eingestuft wird. Kurz gesagt ist das besonders Gemeine daran, daß hier zur Durchführung des Mobbings zusätzlich noch die Vorgesetztenposition gegenüber dem Mobbingopfer ausgenutzt wird. Oder anders ausgedrückt: Für das Mobbingopfer ist die Situation noch unfairer als ohnehin schon, weil er als Mobber den oder die Vorgesetzte erkennen muß und dem natürlich noch weniger entgegensetzen kann als bei einem Mobbing von Kollegen.

Beispiel: In der Finanzbuchhaltung eines mittelgroßen Industriebetriebes herrscht ein ganz gutes Betriebsklima. Die Chefin ist eine junge Frau, die Gruppenleiterin ist eine junge Frau und im übrigen ist die Sachbearbeiterebene ebenfalls komplett mit Frauen besetzt – bis auf einen älteren männlichen Mitarbeiter, der den Hahn im Korb spielt. Die Abteilungsleiterin fördert im Rahmen des ihr Möglichen die fachliche und betriebliche Weiterbildung ihrer Gruppenleiterin. Dieses Wohlwollen und das gute Betriebsklima in der Abteilung findet ein jähes Ende, als die Gruppenleiterin mit einem Angestellten aus einer anderen Abteilung ein Verhältnis eingeht, dem bereits eine bewegte Vergangenheit nachgesagt wird. Drei Monate später erfolgt die Eheschließung. Die Abteilungsleiterin, die von dem neuen Ehemann und seinem Ruf aber auch gar nichts hält, ist menschlich von ihrer Gruppenleiterin tief enttäuscht. Es ist ihr unerklärlich, wieso die bisher so hoffnungsvolle junge Frau »so einen« heiraten konnte.

Prompt kehrt sich die frühere Sympathie in der Abteilungsleiterin für ihre Gruppenleiterin in Antipathie. Sie hat einfach keinen Spaß mehr daran, sich mit dieser Mitarbeiterin zu umgeben und mit ihr zusammenzuarbeiten. Zuerst hört die vorherige Förderung schlagartig auf. Der Stil der Zusammenarbeit wird härter. Letztlich kann es sich die Abteilungsleiterin auch nicht verkneifen, gegenüber den nachgeordneten Mitarbeitern häßliche Bemerkungen über das Eheleben und die Zukunftsaussichten der Gruppenleiterin zu machen.

Der nächste Schritt ist, daß die Abteilungsleiterin sehr genau registriert, wer aus der Abteilung weiterhin ein gutes Verhältnis zu der Gruppenleiterin belegt und wer sich eher ihrer Sympathiewendung anschließt. Sie sorgt

> unter Ausnutzung ihrer Führungsposition dafür, daß es den nachgeordneten Mitarbeitern ratsam erscheint, sich den Gerüchten der Abteilungsleiterin anzuschließen. Die Situation wird für die Gruppenleiterin immer schwieriger. Natürlich unterlaufen ihr bald Fehler. Keine sechs Monate nach ihrer Eheschließung wirft sie dann genervt das Handtuch und verläßt im Streit mit ihrer Abteilungsleiterin das Unternehmen.

Dieser Fall aus der Praxis wurde deshalb bekannt, weil er zu einer erheblichen gerichtlichen Auseinandersetzung vor einem Arbeitsgericht führte. Das Arbeitsverhältnis hatte durch einen Aufhebungsvertrag geendet, den die Gruppenleiterin anschließend mit dem Argument angefochten hatte, sie sei zur Unterzeichnung des Aufhebungsvertrags genötigt worden. Zur Begründung für die Nötigung wurde die ganze Vorgeschichte lang und breit zum Gegenstand der gerichtlichen Auseinandersetzung gemacht. Trotzdem blieb ihre Klage erfolglos, weil das Gericht der Meinung war, daß die Gruppenleiterin zum Abschluß des Aufhebungsvertrags nicht in rechtlich erheblicher Weise genötigt worden ist.

Darüber hinaus zeigt dieses Beispiel aber in bemerkenswerter Klarheit, welche erhöhten Möglichkeiten ein Vorgesetzter zu einem erfolgreichen Mobbing alleine dadurch hat, daß er die Macht seiner Vorgesetztenstellung ausnutzen kann. Dieser Umstand darf nicht unterschätzt werden.

Sie werden vielleicht spätestens anhand der Checkliste 10 auf Seite 66 gemerkt haben, daß auch in Ihrem Betrieb Mobbing von oben nach unten an der Tagesordnung ist. Neben der besonderen Gemeinheit dieser Mobbingart wegen der Ausnutzung der Vorgesetztenposition gibt es noch ein zweites auffälliges Merkmal: Während alle anderen Mobbing-

> **Checkliste 10: Wie sieht es in Ihrem Betrieb zu diesem Thema aus?**
>
> Haben Sie schon einmal in Ihrer eigenen Abteilung erlebt, daß der direkte Vorgesetzte sich wiederholt indikativ über einen Mitarbeiter der Abteilung äußerte, wenn dieser nicht anwesend war?   ❏ Ja   ❏ Nein
>
> Kommt es Ihnen bekannt vor, daß ein Chef aus offenbar unsachlichen Gründen einen Mitarbeiter schlechter behandelt als andere?   ❏ Ja   ❏ Nein
>
> Ist Ihnen schon einmal aufgefallen, daß ein neuer Chef in Ihrem Betrieb nach seinem Amtsantritt als durchsetzungsstark bezeichnet wurde, weil in der Folgezeit einige nachgeordnete Mitarbeiter das Unternehmen verlassen mußten?   ❏ Ja   ❏ Nein

arten – sofern sie denn zur Sprache kommen – rundweg nur als negativ verurteilt werden, wird das Mobbing von oben nach unten nur allzuleicht als Führungsstärke und Durchsetzungsvermögen der jeweiligen Führungspersönlichkeit positiv bewertet!

Ist Ihnen schon einmal aufgefallen, wie oft Sie nach einem spektakulären Wechsel von Industriekapitänen an der Spitze großer Unternehmen anschließend von dem Ausscheiden einer ganzen Reihe von – oft hochrangigen – Mitarbeitern aus dem jeweiligen Unternehmen hören?

Das geht dann frei nach dem Motto: »Wer nicht bei mir ist, der ist gegen mich!« In der Regel wird in diesen Fällen gemobbt, was das Zeug hält. Der Unterschied ist nur, daß niemand es so nennt. Statt dessen darf es sich der neue Chef als Erfolg auf die Fahne schreiben, daß er die Mannschaft ganz schnell linientreu gemacht und jeden beseitigt hat, der ihm nicht in den Kram paßte.

Doch wer beurteilt eigentlich, daß es sich immer um sachlich und fachlich notwendige Entscheidungen handelt? Spielen da nicht oft auch genauso gut persönliche Gründe eine Rolle? Wie gesagt: Mobbing und Erfolg liegen bei dieser Art des Mobbings von oben nach unten ganz nahe beieinander!

Selbstverständlich soll aber auch an dieser Stelle nicht darüber hinweg gegangen werden, daß eine solche Mobbingaktion eines Vorgesetzten für diesen selbst auch zum Verhängnis werden kann. Durchschaut der nächsthöhere Vorgesetzte, die Personalleitung oder die Geschäftsleitung das Mobbing des Vorgesetzten, so kann es ihm ganz schnell passieren, daß er mit dem Vorwurf des schlechten Führungsverhaltens konfrontiert wird. Je nach Betriebskultur kann das sehr schwere Konsequenzen – bis hin zum Arbeitsplatzverlust – für den mobbenden Vorgesetzten haben.

Beispiel: Eine Abteilung in einer Behörde hat eine feste Anzahl von Planstellen. Eine Mitarbeiterin, die eine dieser Planstellen innehatte, ist wegen der Inanspruchnahme des Erziehungsurlaubs nach der Geburt ihres Kindes für drei Jahre ausgeschieden und möchte jetzt wieder an ihren Arbeitsplatz zurückkehren. Der Chef der Abteilung ist aber der Meinung, daß die zwischenzeitlich als Schwangerschaftsvertretung eingestellte Mitarbeiterin die wesentlich qualifiziertere Kraft ist. Deshalb möchte

er sie nur ungern verlieren. Eine Aufstockung der Planstellenzahl kommt nicht in Frage. Andererseits kann er die Rückkehr der Erziehungsurlauberin nicht verhindern. Also fängt er vom ersten Tag der Rückkehr an, die Mitarbeiterin zu schikanieren. Erst verweigert er ihr den alten Arbeitsplatz und versucht täglich, ihr die unliebsameren Aufgaben zuzuweisen. Wo er nur kann, läßt er kein gutes Haar an ihr. Insbesondere versucht er auch, die anderen Mitarbeiter der Abteilung für seine Meinung zu gewinnen, daß die Erziehungsurlauberin nicht mehr in die Abteilung passe und die noch vorhandene Schwangerschaftsvertretung besser in der Abteilung verbleibe. Diese Meinung untermauert er mit fachlicher und persönlicher Begründung.
Schließlich langt es der Ex-Erziehungsurlauberin: Sie geht zum Personalrat. Dieser nimmt sich sehr schnell der Sache an und wird auch beim Behördenleiter vorstellig. Dieser klärt schnell den kompletten Sachverhalt auf, weil ihm die neue Unruhe in der Abteilung schon aufgefallen ist. Kurzfristig setzt er durch, daß die Schwangerschaftsvertretung tatsächlich wegen der begrenzten Planstellenzahl ausscheiden muß und die Erziehungsurlauberin an ihrem Arbeitsplatz verbleibt. Zwar erleidet der mobbende Abteilungsleiter keinen förmlichen Nachteil, aber von diesen Moment an muß er auf der Hut sein, sich nicht noch einmal etwas ähnliches zu leisten.

Mobbing von unten nach oben

Wird das Mobbing von oben nach unten als besonders gemein eingestuft, so gilt das Mobbing von unten nach oben als besonders schädlich für die Interessen eines Betriebs.

Beispiel: Die Situation spielt im Stuttgarter Raum in einem jungen und aufstrebenden Unternehmen aus der Softwarebranche. Es gibt nur eine einfache Hierarchie und das Spezialistentum ist sehr groß. Das Unternehmen ist erfolgreich mit einem Softwareprogramm für die gesamte Verwaltung von Pflege- und Altenheimen auf dem Markt. Die Programme werden von dem Unternehmen nicht nur hergestellt und gepflegt, sondern auch vertrieben und selbst bei dem jeweiligen Kunden installiert und bedienungsfähig gemacht.

Die beiden Geschäftsführer des Unternehmens setzen anläßlich eines Wechsels einen noch sehr jungen Ingenieur, der gerade von der Hochschule erst zu dem Unternehmen gestoßen ist, als Chef für den gesamten Betriebsbereich des Unternehmens ein. Dieser Ingenieur gilt als extrem intelligent, als hervorragender Fachmann und zudem als sehr kundenorientiert. Die beiden Geschäftsführer erhoffen sich deshalb von seiner Ernennung zum Chef dieses wichtigen Bereichs einen großen Vorteil für das Unternehmen.

Doch alles kommt anders als erwartet: Offenbar wegen seines jungen Alters und mangelnden Lebenserfahrung wird der Ingenieur von den Vertriebsmitarbeitern nicht akzeptiert. Diese sind der Meinung, er habe ein schlechtes Führungsverhalten und könne nicht das richtige Wort zur richtigen Zeit sagen. Keiner der Vertriebsmitarbeiter weiß eigentlich, woher diese Einschätzung kommt. Doch alle pflegen diesen Eindruck und verschärfen ihn ständig von Tag zu Tag.

Es werden Lächerlichkeiten in Umlauf gesetzt und Fehler des neuen Chefs behauptet, die zu bestätigen scheinen, was alle behaupten. Tatsächlich werden ab und zu

> kleine Fehler gemacht. Es gelingt dem neuen Chef in keiner Weise, sein Wissen und seine Ideen in die Praxis umzusetzen. Er zieht sich immer mehr zurück. Als die beiden Geschäftsführer merken, daß ihr Hoffnungsträger nicht die erwarteten Früchte trägt, können sie sich nicht erklären, was eigentlich falsch gelaufen ist.

Dieser Fall macht anschaulich, weshalb das Mobbing von unten nach oben in der Regel mehr als andere Mobbingarten den Unternehmensinteressen schadet: Mobbingopfer ist immer eine Führungsperson, die durch das Mobbing sowohl in fachlicher Hinsicht als auch in ihrem Führungsverhalten praktisch lahmgelegt wird.

Vor allem haben Untersuchungen gezeigt, daß überdurchschnittlich oft bei der Neubesetzung von Führungspositionen von unten nach oben gemobbt wird. Die Folge davon ist, daß die mit der Neubesetzung verbundenen Hoffnungen seitens der Geschäftsleitung ins Leere laufen. So etwas kann für ein Unternehmen ernste wirtschaftliche Konsequenzen haben, wenn es sich um wichtige Positionen handelt, und dadurch notwendige fachliche Veränderungsprozesse gehemmt werden.

Es sind auch Fälle bekannt, in denen wiederholt gegen die Neubesetzung einer Position von unten nach oben gemobbt wurde, so daß hintereinander verschiedene Kandidaten scheiterten. Jeder Praktiker kann sich leicht vorstellen, welche Lähmung dadurch in einem Firmenbereich eintreten kann.

Beim Mobbing von unten nach oben findet sich auch sehr stark die Auseinandersetzung um die Frage von Männern oder Frauen in Führungspositionen wieder.

Beispiel: Der Fall spielt im Lehrerkollegium einer Gesamtschule in Nordrhein-Westfalen. Der väterliche Typ des Direktors scheidet aus Altersgründen aus. Die weiblichen Lehrer an dieser Gesamtschule sind bei weitem in der Mehrheit. Sie gehen wie selbstverständlich davon aus, daß der Generationenwechsel in der Leitungsfunktion von der Oberbehörde dazu benutzt wird, den Direktorposten mit einem weiblichen Kandidaten zu besetzen.

Aus politischen Gründen geschieht das jedoch nicht, sondern ein relativ junger Mann mit dem richtigen Parteibuch wird der neue Direktor der Gesamtschule. Das überwiegend weibliche Kollegium findet sich mit dieser Entscheidung nicht ab. Es werden Gerüchte über Gerüchte zum Schaden des neuen Direktors in Umlauf gesetzt. Bemerkungen aus internen Besprechungen werden der lokalen Presse zugespielt, die sich begierig darauf stürzt. Der neue Direktor findet sich schon nach kurzer Zeit in einer reinen Abwehrschlacht wieder. Er muß eine Stellungnahme nach der anderen formulieren. Als die Unruhe auch auf die Eltern und Schüler übergreift, wird der neue Direktor befördert und kann eine hervorragende Position in einem Ministerium übernehmen.

Haben Sie auch als erstes daran gedacht, daß es normalerweise so ist, daß Männer sich durch Mobbing dagegen wehren, eine Frau als Vorgesetzte zu bekommen? Sicherlich handelt es sich dabei – vor allem in der Vergangenheit – um die Mehrzahl der Fälle.

Andererseits muß man aber auch bedenken, daß viele Führungspositionen wahrscheinlich erst gar nicht mit geeigneten Frauen besetzt wurden, weil man fürchtete, daß die nachgeordneten Männer in der Abteilung die Frau ohnehin nicht akzeptieren würden. Natürlich gibt keiner gerne zu, daß bei der Besetzung von Führungspositionen solche Gedanken eine Rolle spielen, aber realistischerweise muß man doch wohl davon ausgehen.

Genauso sicher ist aber auch, daß im Zuge der Emanzipationsbewegung und der Gleichstellungsbemühungen viele Führungspositionen automatisch zur Frauendomäne wurden. Es gibt Experten, die behaupten, daß solche einmal für die Frauen eroberten Domänen auch nachhaltig verteidigt würden. Deshalb würden Frauen heutzutage einen Mann aus einer Führungsposition genauso hemmungslos wegmobben wie Männer das täten, wenn die Chance realistisch ist, daß die Position auch von einer Frau besetzt werden kann.

Wenn man einmal von der Situation absieht, daß sich Mitarbeiter im Mobbing gegen ihre neue Führungskraft verbinden, so ist generell das Mobbing von unten nach oben für die Mobbingtäter schwieriger als die anderen Spielarten des Mobbings. Das erklärt sich dadurch, daß ein Vorgesetzter ohnehin durch seine Führungsposition und den damit verbundenen Zwang zu Entscheidungen der Kritik und Angriffen ausgesetzt ist.

Die Führungskraft braucht also schon von daher ein dickeres Fell. Sie ist deshalb auch besser in der Lage, eigentliche Mobbingaktivitäten gar nicht als solche zu erkennen und ihnen viel mehr auf sachlicher Ebene zu begegnen.

Das bewirkt eine Art Selbstschutz. Viele Führungskräfte empfinden im gewissen Maße einen schlechten Ruf als zwangsläufige Folge ihres Jobs und reagieren deshalb äußerst gelassen oder gar nicht darauf. Das kann dann tatsächlich auch zur Folge haben, daß den Mobbern mangels Reaktion auf Seiten des Mobbingopfers die Puste ausgeht.

Desweiteren kommt noch hinzu, daß der Mobbingtäter nicht so leicht die Unterstützung von seinesgleichen für eine Mobbingaktion gegen den Vorgesetzten findet, als dies bei einer Mobbingaktion gegen ein anderes Mobbingopfer der Fall ist. Hierbei darf man schließlich nicht vergessen, daß es für jeden Beteiligten mit einem gewissen Arbeitsplatzrisiko verbunden sein kann, sich ausgerechnet an einer Hetzkampagne gegen den Vorgesetzten zu beteiligen. Vielen wird bewußt sein, daß das natürlich schneller ins Auge gehen kann, als wenn das Mobbing sich gegen jemand anderes richtet, der vielleicht weniger Einsflußmöglichkeiten hat.

Aus beiden Begründungen läßt sich zugleich aber auch ableiten, weshalb gerade der junge und neue Vorgesetzte, allerdings in besonderer Weise, gegen das Mobbing von unten vergleichsweise wehrlos ist: Zum einen wird er vielfach noch nicht das zitierte dicke Fell haben, und zum anderen verbinden die Mitarbeiter mit seiner Person noch nicht den Gedanken an eine Autorität, die einem selbst schaden könnte. Deshalb bleibt das Mobbing von unten von gleichbleibender Aktualität.

Wer ist das Mobbingopfer? 5

Niemand ist vor Mobbing sicher 77

Wenn die Situation einen zum Opfer macht 78

Der Opfertyp 82

Der starke Typ als Mobbingopfer 83

5 Wer ist das Mobbingopfer?

In den bisherigen Beispielfällen sind schon unzählige Mobbingopfer vorgestellt worden. Wegen der enormen Aktualität des Themas ist es weit verbreitet, daß man in Ratgebern nachschaut, ob man einem dort beschriebenen Charaktertyp entspricht, der bevorzugt als Mobbingopfer angesehen werden kann.

Natürlich schlägt man dann beruhigt den Ratgeber zu, weil man davon ausgeht, daß man in keiner Weise einem der dort beschriebenen Charaktere ähnelt. Beruhigt ist man deshalb, weil man nun sicher ist, nicht zum Mobbingopfer werden zu können. Dabei handelt es sich um einen gefährlichen Trugschluß!

Erstmal ist niemand in der Lage, sich halbwegs sicher und zuverlässig einem bestimmten Charaktertyp zuzuordnen. Trauen Sie sich das zu? Richtig ist doch wohl, daß Sie sich zu negative Charakterzüge zu eigen machen oder sich in einem zu rosigen Bild sehen. Vor allem ist es aber geradezu unmöglich, daß Sie gerade die Kombination von Charaktereigenschaften bei sich wiederfinden, die Sie nun als Mobbingopfer geeignet oder ungeeignet erscheinen lassen.

Sicherer dürfen Sie sich dagegen fühlen, wenn Sie die gesamten Zusammenhänge durchschauen, die aus harmlosem Klatsch ernsthaftes Mobbing werden lassen, und an deren Ende ein echtes Mobbingopfer steht. Doch diese Zusammenhänge sind vielschichtig und müssen deshalb unter den verschiedensten Gesichtspunkten betrachtet werden.

Niemand ist vor Mobbing sicher

Wenn Sie ganz ehrlich sind, so glauben Sie doch auch, daß Sie nicht zum Mobbingopfer werden können, stimmt's? Woher kommt diese Überzeugung?

Womöglich resultiert Ihre Überzeugung aus Ihrer eigenen Einstellung, wonach Sie möglichst darauf achten, nicht über jemand anderes schlecht zu reden und möglichst niemandem Schaden zuzufügen. Deshalb glauben Sie, wird auch niemand einen Grund dafür haben, Ihnen schaden zu wollen.

Diese Haltung ist zwar verständlich, doch wird der erfahrene Personalverantwortliche Ihnen leicht zeigen können, weshalb diese Haltung keinen Schutz bietet: Sie haben selbst keinen Einfluß darauf, ob sich ein anderer für Ihren Arbeitsplatz interessiert und allein deswegen eine Mobbingaktion gegen Sie startet. Denken Sie an die Fälle, daß eine Rationalisierung durchgeführt werden muß, und sich die Anzahl der Arbeitsplätze verringern wird.

Aber vielleicht sind Sie ja auch der Meinung, daß Sie deshalb kein Mobbingopfer werden, weil Sie selbst ständig das Ohr »an der Schiene« haben und Ihnen – was die Gerüchteküche im Betrieb angeht – schon nichts entgeht. Sie sind der Meinung, daß Sie so früh eine gegen Sie gerichtete Mobbingaktion bemerken würden, daß Sie noch genug Reaktionsmöglichkeiten haben, bevor sie Ihnen schadet.

Im Prinzip ist auch diese Überlegung richtig, doch kann sie leider auch keinen sicheren Schutz bieten. Zum einen ist es im betrieblichen Alltag äußerst schwierig, über einen längeren Zeitraum wirklich immer »auf der Höhe der Zeit« zu sein, was die Gerüchteküche betrifft.

Zum anderen müssen Sie bedenken, daß es auf die Dauer zunehmend schwieriger werden kann, zwischen betrieblichem Klatsch und ernsthaftem Mobbing zu unterscheiden.

Im Klartext: Sie laufen Gefahr, sich dermaßen mit dem betrieblichen Klatsch zu befassen, daß Sie gar nicht merken, wenn Sie selbst Mittelpunkt des Klatsches sind und irgendwann ernsthaft gegen Sie gemobbt wird.

Nun können Sie noch einwenden, daß Sie deshalb nicht zum Mobbingopfer werden können, weil Sie sich überhaupt nicht um Mobbingaktionen scheren. Das ist Vogel-Strauß-Politik in Reinkultur. Wenn Sie erst einmal gemobbt und Ihnen deshalb wichtige Informationen vorenthalten werden, dann erleiden Sie an Ihrem Arbeitsplatz einen Schaden, ob Sie nun wollen oder nicht!

Dasselbe gilt, wenn auch Ihrem Chef etwas von einem Mobbinggerücht zu Ohren gelangt und er Sie darauf anspricht, ob an der Sache etwas dran sei. Dann werden Sie mit der Antwort, daß Sie mit der Sache nichts zu tun haben wollen, im Zweifel nicht den gewünschten Erfolg haben. Der Chef wird wahrscheinlich genau das Gegenteil aus Ihrer Antwort schließen und glauben, daß an der Sache eben doch etwas dran ist.

Achtung: Jeder sollte davon ausgehen, daß er prinzipiell ein Mobbingopfer werden kann.

Wenn die Situation einen zum Opfer macht

Gerade der betriebliche Alltag mit seinen häufigen organisatorischen Veränderungen, kann von heute auf morgen Situationen herbeiführen, die Mobbing und damit auch Mobbingopfer zur Folge haben. Es kann sich dabei sowohl um innerbetriebliche als auch um außerbetriebliche Veränderungen handeln.

> *Beispiel:* In einer größeren sozialen Einrichtung werden traditionell auch Zivildienstleistende mit Pflegearbeiten beschäftigt. Es findet ein Wechsel in der Leitung der Einrichtung statt. Der neue Chef ist ein Gegner des Zivildienstes und empfindet Zivildienstleistende als Drückeberger.
> Der Zivildienstleistende, der in der Einrichtung zum Zeitpunkt des Amtsantritts des neuen Chefs seinen Dienst absolviert, bekommt schon bald dessen Abneigung zu spüren. Der neue Chef sorgt dafür, daß schnell eine unfreundliche Atmosphäre in der Einrichtung gegenüber dem Zivildienstleistenden entsteht. Er treibt ganz deutlich seine Scherze auf Kosten des Zivildienstleistenden. Die übrigen Mitarbeiter schwenken vorsichtshalber auf die Linie des neuen Chefs ein, um nicht selbst in dessen Schußlinie zu geraten. Die zunehmende Isolation trifft den Zivildienstleistenden – der ohnehin etwas sensibel ist – so schwer, daß er schon bald auf Dauer psychosomatisch erkrankt.

Dieser Praxisfall zeigt auch, wie schnell sich die Umstände ändern können, unter denen Sie Ihre Arbeit an Ihrem Arbeitsplatz absolvieren. Ein einfacher Vorgesetztenwechsel – und schon ist die Welt nicht mehr in Ordnung. Hier führte klar die Veränderung einer Situation direkt dazu, daß der Zivildienstleistende zum Mobbingopfer wurde.

> *Beispiel:* Nach dem Fall der Mauer trat in einem Industriebetrieb in Grenznähe auf westdeutscher Seite der Fall ein, daß dort ein ehemaliger Flüchtling eine Vorgesetztenposition innehatte, während nunmehr Einwohner aus den neuen Bundesländern als weitere Mitarbeiter

aufgenommen werden. Hier kam es zu folgenden Reaktionen: Zuerst schaffte es der Vorgesetzte durch gezieltes Mobbing, mehrere der neuen Mitarbeiter wieder hinauszuekeln. Er konnte nicht damit leben, daß diese nach der Grenzöffnung an den »Segnungen des goldenen Westens« teilhaben konnten, für die er vor der Grenzöffnung sein Leben aufs Spiel setzen mußte.

Doch auch die umgekehrte Reaktion setzte ein: Einige der neuen Mitarbeiter schafften es ihrerseits, gegen den Vorgesetzten zu mobben. Sie taten das schließlich so zielgerichtet und erfolgreich, daß er seinerseits für das Unternehmen unhaltbar wurde und seinen Job verlor.

Beide Beispielfälle schildern nicht ganz alltägliche Situationen. Sie sind jedoch bewußt ausgewählt. Sie zeigen eindrucksvoll, durch welche Einflüsse sich Situationen verändern können, die Mobbingopfer entstehen lassen.

Man hat versucht zu schätzen, wie häufig Mobbing durch Veränderung der Situationen zu erklären ist. Die Schätzungen schwanken sehr, doch dürfte wohl richtig sein, daß es weniger als die Hälfte aller Mobbingaktionen sind. Andererseits: Das ist ein ganz erheblicher Anteil aller Mobbingfälle!

Deshalb noch mal im Klartext: Keiner ist davor an seinem Arbeitsplatz geschützt, daß eine Veränderung eintritt, die dazu führt, daß er – aus welchen Gründen auch immer – anschließend zum Mobbingopfer wird.

Prüfen Sie mit Hilfe der Checkliste auf Seite 81, ob es an Ihrem Arbeitsplatz Mobbingsituationen gibt.

Checkliste 11: Gibt es an Ihrem Arbeitsplatz Mobbingsituationen?

Ist es richtig, daß in Ihrem Betrieb im Rückblick mal mehr und mal weniger Mobbing betrieben wurde? ❐ Ja ❐ Nein

Können Sie der Zunahme von Mobbingfällen ein bestimmtes Ereignis zuordnen? ❐ Ja ❐ Nein

Haben Sie schon einmal im Zusammenhang mit bevorstehenden organisatorischen Veränderungen in Ihrem Betrieb bewußt die Zunahme von Mobbing beobachten können? ❐ Ja ❐ Nein

Ist es richtig, daß ein drohender Arbeitsplatzabbau zu mehr Mobbing in Ihrem Betrieb geführt hat? ❐ Ja ❐ Nein

Könnte es sein, daß sich ein unerklärlicher Mobbingfall dadurch erhält, weil sich die betriebliche Situation der Beteiligten zueinander zuvor verändert hat? ❐ Ja ❐ Nein

Der Opfertyp

Es bleibt dabei, daß man sich nicht vertieft mit dem Thema Mobbing beschäftigen kann, ohne auch die Frage zu stellen, ob es einen bestimmten Menschentyp gibt, der besonders anfällig als Mobbingopfer ist. Ganz sicher sollte man sich von dem Gedanken frei machen, daß es einfach Gleichungen gibt, nach denen jemand diese und jene Charaktereigenschaft aufweist und deshalb das Mobbing nur so an sich zieht.

Andererseits kennt jeder aus seinem betrieblichen Alltag einen bestimmten Typ von Mitarbeiter, der sozusagen leidend durch die Welt läuft. Immer, wenn irgend etwas schief läuft, scheint dieser Mitarbeiter damit in Verbindung zu stehen. In der kriminologischen Forschung gibt es viele wissenschaftliche Arbeiten zu der Frage, ob es einen bestimmten Menschentyp gibt, der als Opfer das Verbrechen förmlich an sich zieht. Hintergrund für diese Überlegungen bildet die Beobachtung, daß es Menschen gibt, die einfach öfter Pech haben als andere.

Haben Sie nicht auch schon einmal derartige Gedanken gehabt? Kennen Sie nicht auch jemanden, der immer wieder mal ein Glas umwirft oder dem häufiger Sachen gestohlen werden, als anderen? Nichts anderes steht hinter der Überlegung, ob es auch ein typisches Mobbingopfer gibt.

Eine Antwort ist leichter zu finden, wenn man noch weiter differenziert: Gibt es einen bestimmten Opfertyp, der häufiger Ziel einer Mobbingaktion wird, und gibt es bestimmte Verhaltensweisen von Mobbingopfern, die diese dann erst zum Opfer werden lassen?

Zum ersten Teil der Frage sollte nur soviel gesagt werden: Grundsätzlich kann es jeden zu jeder Zeit und in jeder Situation treffen, ganz egal, was für ein Charaktertyp man ist. Tendenziell läßt sich höchstens feststellen, daß ein »schwacher«

Typ, der wenig mit seinen Ellenbogen anfangen kann und dem das Gespür für Fettnäpfchen fehlt, eher gefährdet zu sein scheint, ein Mobbingopfer zu werden. Eine weitere Verallgemeinerung sollte aber nicht mehr vorgenommen werden, weil daraus nur falsche Schlüsse gezogen werden können.

Zum einen wäre es ein falscher Schluß, in jedem Mobbingopfer zwangsläufig einen schwachen Charaktertyp zu sehen. Andererseits ist es falsch anzunehmen, eine starke Persönlichkeit könne kein Mobbingopfer werden.

Der starke Typ als Mobbingopfer

Viele Experten zum Thema Mobbing vertreten die Meinung, daß der selbstbewußte und selbstsichere Typ des Mitarbeiters am ehesten gefährdet ist, ein Mobbingopfer zu werden. Warum? Der Antwort liegt die wissenschaftliche Untersuchung einer großen Anzahl von einzelnen Mobbingfällen zugrunde. Dabei fiel auf, daß die Mobbingopfer erst erstaunlich spät bemerkten, daß sie gemobbt werden. Es war dann für die potentiellen Opfer fast unmöglich, noch etwas gegen das Mobbing zu unternehmen.

Also gingen die Experten der Frage nach, warum die späteren Opfer erst so spät von dem Mobbing Wind bekamen. Dabei stellte sich dann heraus, daß ein großer Teil der Opfer ursprünglich der Meinung war, sie kämen überhaupt nicht als Mobbingopfer in Frage. Sie seien doch selbstbewußte und selbstsichere Mitarbeiter.

An dieser Stelle liegt wohl des Rätsels Lösung: Der vermeintlich starke Typ des Mitarbeiters kann schnell den Nachteil haben, daß ihm aufgrund seiner Selbstsicherheit die »Antenne« fehlt, sensibel auf eine Mobbinggefährdung reagieren zu können.

Beispiel: Ein fachlich kompetenter, allseits beliebter Mitarbeiter merkte überhaupt nicht, daß eine Änderung im Verhalten seiner Kollegen ihm gegenüber eintrat. Die Gründe hierfür spielten an dieser Stelle keine Rolle. Entscheidend war, daß der Mitarbeiter überhaupt gar nicht auf den Gedanken kam, daß irgend jemand etwas Ernsthaftes gegen ihn im Schilde führen könnte. Selbst als er Probleme an seinem Arbeitsplatz bekam, weil ihm Informationen vorenthalten wurden, dachte er in erster Linie an eine sachliche Ursache und überlegte nicht, ob es am vordergründigen Verhalten der werten Kollegen liegen könnte. Dabei war das Mobbing gegen ihn schon in vollem Gange.

Es gibt noch eine weitere Begründung dafür, weshalb auch der so genannte starke Typ des Mitarbeiters genauso schnell wie jeder andere zum Mobbingopfer werden kann: Dieser Mitarbeiter läuft Gefahr, gerade wegen seiner Eigenschaften, die ihn vermeintlich stark machen, gemobbt zu werden. Sie wissen selbst, daß so ziemlich jeder eine andere Meinung davon hat, was eine starke oder positive Eigenschaft ist oder nicht. So meint der eine, der Gebrauch von Ellenbogen sei eine starke Eigenschaft, während der andere der Meinung ist, daß ausschließlich ein starkes Harmonie- und Teambedürfnis eine starke Eigenschaft eines modernen Mitarbeiters ist.

Was passiert aber, wenn nachgeordneten Mitarbeitern oder Kollegen gerade diese vermeintlich starken Eigenschaften ein Dorn im Auge sind? Was passiert, wenn der starke Typ die Ellenbogen gebraucht, obwohl eigentlich Einordnung in das Ganze gefragt ist? Schon kann er zur idealen Zielscheibe als Mobbingopfer für seine Kollegen werden!

Wohin kann Mobbing führen? 6

Wenn Mobbing zur Disharmonie in der Zusammenarbeit führt	86
Die betriebliche Störung durch Streitereien	90
Wenn beim Mobbingopfer die Leistung nicht mehr stimmt	97
Die häufigsten Ursachen für einen Leistungsabfall	99
Mobbing als Ursache für Alkoholprobleme und Rauschmittelmißbrauch	102
Mobbing als Krankheitsursache Nummer eins?	107
Das typische Krankheitsbild des Mobbingopfers	112
Wenn Mobbing zur inneren Kündigung führt	113
Die Kündigung des Arbeitsverhältnisses als Folge von Mobbing	118
Wenn Mobbing zur Lebensbedrohung wird	123
Mobbing als Existenzbedrohung für die ganze Familie	125
Ihr Verhalten beim Mobbing, wenn Sie nicht das Opfer sind	126
Mobbing: Am besten ignorieren?	127
Der Reiz des Mitmachens	129
Der Zeitpunkt des »Ausstiegs«	130

6 Wohin kann Mobbing führen?

Jeder weiß, daß Mobbing deshalb schädlich ist, weil es einen einzelnen trifft, der dadurch Schaden erleidet, und weil zugleich durch die Beeinträchtigung der Arbeit ein wirtschaftlicher Schaden für den Betrieb entsteht.

Andererseits ist aber kaum jemandem bewußt, wie vielfältig die Konsequenzen von Mobbing sind. So zahlreich die Erscheinungsformen des Mobbings auch sind, so unterschiedlich können auch die Konsequenzen sein.

Dabei ist es für jeden, der im Berufsleben steht, mehr als ratsam, sich einmal die Zusammenhänge zwischen der Entstehung von Mobbing und seinen Konsequenzen vor Augen zu führen. Manches Fehlurteil kann dadurch vermieden werden. Auch setzen Sie sich dadurch besser in die Lage, selbst einen Mobbingfall zu erkennen, zu beurteilen und vor allem abzuschätzen, welche Konsequenzen auf welchen Ursachen beruhen.

Wenn Mobbing zur Disharmonie in der Zusammenarbeit führt

> *Beispiel:* In einem großen Hotel in einer deutschen Großstadt sind etwa 30 Mitarbeiter alleine nur im Restaurationsbereich beschäftigt. Zwischen dem Bedienungspersonal und dem Küchenpersonal ist es so üblich, daß das Küchenpersonal an dem sogenannten Trinkgeld des Bedienungspersonals beteiligt wird. Ein männlicher Mitarbeiter des Küchenpersonals, der sein Herz für eine weibliche Mitarbeiterin aus dem Bedienungsbereich entdeckt hat, wurde von dieser allerdings nicht erhört.

Seine Enttäuschung sitzt tief. Also setzt er das Gerücht in die Welt, die betreffende Dame beteilige die Kollegen des Küchenpersonals nicht korrekt an ihren persönlichen Trinkgeldeinnahmen. Er verbreitet das Gerücht mit Nachdruck und bei jeder Gelegenheit. Die Folge ist, daß tatsächlich erhebliches Mißtrauen entsteht. Allerdings beschränkt sich dieses Mißtrauen nicht nur auf die beiden Beteiligten, sondern es erfaßt bald den ganzen Bereich. Jeder redet schlecht über den anderen, so daß regelrecht zwei Lager entstehen. Sofort leidet darunter auch die Qualität der Arbeit, und zwar sowohl die Leistung der Küche, als auch der Service des Bedienungspersonals. Beide Bereiche informieren sich nicht mehr über Rückkopplungen seitens der Kunden. Klar ist, daß der Kunde durch die gesamte Situation das Nachsehen hat.

Dieser Fall aus der Praxis, der so und in ähnlicher Form übrigens sehr oft im Gastronomiebereich vorkommt, ist deshalb an dieser Stelle so anschaulich, weil schon die Mobbingaktion als solche zu einem betrieblichen Schaden führt, ohne daß es schon ein konkretes Mobbingopfer in Form einer einzelnen Person gibt.

Im Klartext: Eine Störung in der Zusammenarbeit unter Arbeitskollegen kann ein sehr frühes Warnsignal dafür sein, daß eine umfangreiche Mobbingaktion betrieben wird. Dabei kann es vorkommen, daß die Zusammenarbeit von ganzen Bereichen leidet oder auch nur die Zusammenarbeit zwischen einzelnen Arbeitskollegen.

Lesen Sie dazu auch die Checkliste auf 12 Seite 88 f.

Checkliste 12: Kommt Ihnen die geschilderte Situation bekannt vor?

Ist es auch in Ihrem Betrieb allseits bekannt, daß es in der Zusammenarbeit zwischen bestimmten Abteilungen oder bestimmten Bereichen hapert? ❏ Ja ❏ Nein

Ist es richtig, daß es solche betriebsinternen Probleme in der Zusammenarbeit gibt, ohne daß jemand die Ursache dafür sachlich dingfest machen kann? ❏ Ja ❏ Nein

Ist Ihnen schon einmal die Situation begegnet, daß vermeintlich fachliche Probleme in der Zusammenarbeit deshalb urplötzlich verschwanden, weil bestimmte Mitarbeiter die Stelle wechselten oder aus dem Unternehmen ausschieden? ❏ Ja ❏ Nein

Kommt es in Ihrem Unternehmen auf allen betrieblichen Ebenen vor, daß einzelne Mitarbeiter nicht mit anderen Mitarbeitern zusammenarbeiten wollen? ❏ Ja ❏ Nein

Greifen Vorgesetzte oder die Personalleitung in solchen Fällen mit dem Ziel der Klärung ein? ❏ Ja ❏ Nein

> Haben Sie schon einmal selbst erlebt, daß gemobbt wird, ohne daß darunter die Zusammenarbeit von Beteiligten leidet? ❏ Ja ❏ Nein
>
> Ist Ihnen aus Ihrem Betrieb die Situation bekannt, daß eine Störung in der Zusammenarbeit durch Mobbing auch außerhalb des Betriebes sichtbar wurde? ❏ Ja ❏ Nein
>
> Haben Sie schon einmal davon gehört, daß Kunden deshalb unzufrieden waren, weil sie indirekt ebenfalls das Opfer von Mobbing wurden? ❏ Ja ❏ Nein

Das Stichwort von der »Servicewüste Deutschland« ist derzeit hoch aktuell und in aller Munde. Es darf getrost davon ausgegangen werden, daß auch die Serviceleistung gegenüber dem Kunden im Dienstleistungsbereich in hohem Maße vom Betriebsklima auf Seiten des Dienstleisters abhängig ist.

Betriebsklima und Mobbing hängen untrennbar zusammen. Bei einem Dienstleister, bei dessen Mitarbeiter Mobbing an der Tagesordnung ist, wird es nie zu einem servicefreundlichen und harmonischen Auftreten gegenüber den Kunden kommen. Je mehr ein technisches Produkt in den Hintergrund tritt und die menschliche Dienstleistung vom Kunden bezahlt werden soll, desto mehr tritt auch der Mitarbeiter des Dienstleisters in seiner ganzen Person in den Vordergrund.

Hat er aber mit Mobbing zu kämpfen, kann er sich nicht auf den Kunden konzentrieren und eine optimale Dienstleistung erbringen. Diese Schlußfolgerung ist eigentlich ganz einfach. Trotzdem wird sie von vielen verantwortlichen Vorgesetzten schlicht unterschätzt.

Aber auch abgesehen vom direkten Schaden durch Mobbing beim Kundenkontakt, ist die schlechte Zusammenarbeit in einem Betrieb durch Mobbing ein ganz gravierendes Problem. Jedermann weiß, daß die Informationssammlung, die Informationssortierung und die optimale Weiterleitung an Informationen von zentraler Bedeutung für ein erfolgreiches Unternehmen sind. Informationsfluß heißt aber Kommunikation. Kommunikation heißt Zusammenwirken von Mitarbeitern.

Wenn Mitarbeiter sich aber durch Mobbing an der Zusammenarbeit stören, wird auch logischerweise der Informationsfluß gestört. Die Folge: Der Betrieb ist bei weitem nicht so reaktionsschnell und handlungsfähig, wie er es eigentlich sein könnte.

Im Klartext: Auch ohne spektakuläre einzelne Mobbingopfer sollte jedem Mitarbeiter und jedem Verantwortlichen deutlich sein, daß schon durch das Mobbing als solches die reibungslose Zusammenarbeit zwischen den Mitarbeitern gestört wird, und es dadurch bereits zu betrieblichen Nachteilen kommt.

Die betriebliche Störung durch Streitereien

Geht es im vorherigen Kapitel um die betriebliche Störung durch Reibungsverluste in der Zusammenarbeit aufgrund von Mobbing, so geht es hier um die daraufhin zumeist folgende, härtere Stufe: Der handfeste Streit unter den Mitarbeitern wegen des Mobbings und seinen betrieblichen Auswirkungen.

Beispiel: Die Situation spielt in einem kleineren Pharmabetrieb in Hessen. Die Mitarbeiter in der Produktion betreiben ein Mobbing gegen zwei Kollegen, die für die Bereitstellung der für die Produktion notwendigen Materialen verantwortlich sind. Die Ursache für das Mobbing ist schon völlig in den Hintergrund getrieben. Die Aktion hat sich mittlerweile verselbständigt. Wo immer es nur eben geht, wird den beiden Mitarbeitern Versagen vorgeworfen, und sie werden auch bei den Vorgesetzten angeschwärzt.
Die Folge sind dauernde Mißverständnisse und Störungen im Produktionsablauf. Weil kein Vorgesetzter eingreift, kommt es zunehmend zu Auseinandersetzungen zwischen der Produktion und den beiden Mitarbeitern. Erst wird diskutiert, dann werden Vorwürfe gemacht, einige Tage später werden die Vorwürfe lauter und schon bald schreit man sich an, beleidigt sich und trägt den Streit den ganzen Arbeitstag über aus.

In diesem Beispielfall geht es nicht mehr nur um eine verschlechterte Zusammenarbeit, sondern darüber hinaus wird die Zusammenarbeit durch die Form der Auseinandersetzung – die Streiterei – gestört und sogar unterbrochen.

Ähnlich wie die Reibungsverluste in der Zusammenarbeit wird auch dieses deutliche Warnsignal für Mobbing von vielen Mitarbeitern und Führungsverantwortlichen noch übersehen. Es ist falsch, wenn man glaubt, eine Auseinandersetzung wegen Mobbing spiele sich immer nur während der Arbeitspausen ab. Natürlich beginnt Mobbing meist dort. Aber die Hoffnung ist unrealistisch, daß das Mobbing seine Wirkung bei Arbeitsbeginn verliert. Im Gegenteil: Gerade die Auswirkungen von Mobbing sind es, die sich während der Arbeitszeit und in der Arbeitsleistung zeigen.

Glauben Sie nicht, daß jedes Mobbingopfer stillschweigend das Mobbing erleidet und irgendwann daran zerbricht, ohne daß es vorher zu Abwehrreaktionen kommt! Typische Abwehrreaktionen sind: Zum einen sucht das Mobbingopfer Verbündete, indem es nahestehenden Kollegen die Gemeinheiten schildert, die man ihm antut. Zum anderen kann es aber auch passieren, daß das Mobbingopfer den offenen Streit mit dem oder den Mobbern sucht, und es zu heftigen Auseinandersetzungen im Betrieb kommt. Es bedarf wohl keiner besonderen Erwähnung, daß solche Auseinandersetzungen auch im wahrsten Sinne des Wortes handfest werden können.

Jeder Arbeitsrichter kann zahlreiche Fälle schildern, in denen er Prozesse über Schlägereien oder sonstige Tätlichkeiten zu entscheiden hatte, die im Grunde genommen nur auf Mobbing zurückzuführen waren.

Die Folge: Durch eine Streiterei unter Mitarbeitern leidet nicht nur die Zusammenarbeit, sondern während des Streits wird schließlich auch nicht gearbeitet! Die betriebsschädliche Wirkung von Mobbing ist förmlich mit den Händen zu greifen. Aber auch nach Beendigung der Streiterei ist die Situation immer noch nicht besser. Mit Sicherheit kann durch so einen Streit Mobbing nicht beendet werden. Der Streit ist sozusagen nur der Dampf aus dem Ventil, wenn der Druck im Kessel zu groß wird. Die Ursache – der Druck – ist dadurch noch nicht beseitigt.

Deshalb ist es auch so wichtig, daß sich diejenigen im Betrieb, die ein Interesse an einer guten Zusammenarbeit haben, die Auseinandersetzung aufgreifen und mit Ruhe, Zeit und Übersicht der Ursache für den Streit auf den Grund gehen. Das ist natürlich leichter gesagt als getan.

Beispiel: In einem kleineren Betrieb der Nahrungsmittelindustrie werden Fertigsuppen in Konserven hergestellt. Ohne vorherige Anzeichen kommt es am frühen Morgen eines Arbeitstages zu einer tätlichen Auseinandersetzung zwischen deutschen und südländischen Mitarbeiterinnen, die in der Produktion am Fließband Gemüsesorten für die spätere Verarbeitung vorbereiten. Durch die Auseinandersetzung – es kommt zu Körperverletzungen und im erheblichen Maße zu Sachbeschädigungen – erleidet die Tagesproduktion einen Stillstand von vier Stunden.

Die Vorgesetzten sind entsetzt: Wie konnte das passieren? Doch die Geschäftsleitung fordert nicht nur Konsequenzen gegenüber den beteiligten Mitarbeiterinnen, sondern fordert auch die Vorgesetzten zur Rechenschaft. Warum? Die Geschäftsleitung ist der Meinung, die Vorgesetzten müssen Warnsignale übersehen und überhört haben.

Und richtig: Je weiter in den nächsten Tagen nach der Auseinandersetzung die Ursachen und Hintergründe aufgedeckt werden, desto deutlicher wird es, daß es schon seit Monaten ein überaus aktives Mobbing der deutschen Mitarbeiterinnen aus der Produktion gegen ihre südländischen Kolleginnen gab. Die Ursache dafür liegt wiederum darin, daß die deutschen Mitarbeiterinnen der Meinung sind, daß die ausländischen Kolleginnen wesentlich mehr Krankheitszeiten aufweisen als sie selbst.

Im Klartext: Sie müssen für ihre ausländischen Kolleginnen mitarbeiten, die ständig »blau« machen. Deshalb gibt es von Seiten der deutschen Kolleginnen eine ganze Reihe von Mobbingaktivitäten. Diese beziehen sich zum einen auf die gemeinsamen Umkleideräumlichkeiten und zum anderen auf die Arbeitsplätze. Durch den landsmannschaftlichen Kontakt zu den deutschen Vorarbeiterinnen haben es die deutschen Kolleginnen mühelos geschafft, dafür zu sorgen, daß die südländischen Mitarbeiterinnen ständig die eindeutig unangenehmeren Arbeiten zu verrichten haben.

Als es dann eine neue Ladung von Küchenmessern gibt, die in erster Linie das Handwerkszeug dieser Mitarbeiterinnen ausmachen, eskaliert an dem Morgen die unterdrückte Wut der ausländischen Mitarbeiterinnen, als sie feststellen müssen, daß die neuen Messer ohne Ausnahme nur bei den deutschen Kolleginnen angekommen sind und sie selber komplett leer ausgehen. Das brachte dann das Faß zum Überlaufen.

Als sich dieser Beispielfall in der Praxis ereignete, wurden seitens der Firma alle Arbeitsverhältnisse mit den beteiligten Frauen gekündigt. Mit Unterstützung der einschlägigen Gewerkschaft klagten diese gekündigten Frauen vor dem Arbeitsgericht. Bei den Prozessen kam es zu unzähligen Zeugenvernehmungen. Dabei wurde für alle Prozeßbeteiligten überdeutlich, daß die Eskalation vorhersehbar war und vor allem: Sie hätte vermieden werden können!

Es bedarf wohl keiner besonderen Erwähnung, daß diese Streiterei durch den Produktionsausfall, die nachfolgende Unruhe im Betrieb und die Auswirkungen der Arbeitsgerichtsprozesse für den Betrieb einen großen wirtschaftlichen Schaden darstellte. Ganz egal, wie eine Mobbingaktion letztlich läuft, Opfer und Geschädigte fordert sie immer!

Gibt es bei Ihnen am Arbeitsplatz vergleichbare Situationen? Lesen Sie dazu Checkliste 13 auf Seite 95 f.

Checkliste 13: Kommen Ihnen die Situationen in den geschilderten Beispielfällen bekannt vor?

Wissen Sie, ob es in Ihrem Betrieb zu massiven Streitereien oder zu tätlichen Auseinandersetzungen gekommen ist oder kommt? ❏ Ja ❏ Nein

Falls Sie die Ausgangsfrage verneint haben, liegt es daran, daß Ihr Betrieb über sehr gut geschulte Vorgesetzte verfügt? ❏ Ja ❏ Nein

Falls Sie die Vorfrage bejaht haben, wird dieser Umstand von der Firmenleitung so hingenommen? ❏ Ja ❏ Nein

Ist Ihnen bekannt, daß nach Auseinandersetzungen im Betrieb ernsthaft versucht wurde, die Ursache für die Streiterei herauszufinden? ❏ Ja ❏ Nein

Wurden die Ursachen nur von den Vorgesetzten untersucht oder von einem gemischten Team? ❏ Ja ❏ Nein

Wurde auch der Betriebsrat oder Personalrat an den Untersuchungen beteiligt? ❏ Ja ❏ Nein

Falls Untersuchungen durchgeführt worden sind: Hat die Geschäftsleitung auch weitergehende personelle Konsequenzen gezogen? ❏ Ja ❏ Nein

> Gab es Konsequenzen nur in Form von Kritik, Ermahnungen, Abmahnungen oder Kündigungen? ❏ Ja ❏ Nein
>
> Hat in Ihrem Betrieb die Geschäftsleitung nach einer Auseinandersetzung im Betrieb und daran anschließenden Untersuchungen über die Ursache zu Schulungs- und Weiterbildungsmaßnahmen gegriffen? ❏ Ja ❏ Nein
>
> Haben Sie persönlich den Eindruck, daß es in Ihrem Betrieb auch zu massiven Streitereien zwischen Kollegen kommt, ohne daß ein Mobbingverhalten vorausgegangen ist? ❏ Ja ❏ Nein

Versuchen Sie bitte, die Checkliste 13 so ehrlich wie möglich zu beantworten. Es hat sich bei der Anwendung dieser Fragen in Tests herausgestellt, daß diese nach dem zweiten und dritten Nachdenken anders beantwortet wurden, als bei der ersten spontanen Antwort.

Im Klartext: Spontan wird behauptet, daß es im eigenen Betrieb erstens keine Streitereien und zweitens schon gar keine tätlichen Auseinandersetzungen gibt. Dabei spielt wohl auch so etwas wie die Frage nach dem Image mit, das der eigenen Arbeitsstelle anhaftet. Keiner gibt gerne zu, daß es im eigenen Betrieb auch schon einmal Zoff gibt. Doch bei näherem Nachfragen stellt sich dann allzu leicht heraus, daß die erste Antwort falsch war, und sich der Befragte eben doch an den einen oder anderen Krach im Betrieb erinnert.

Wenn beim Mobbingopfer die Leistung nicht mehr stimmt

Über die Leistung, die der einzelne in seinem Arbeitsverhältnis erbringt, ist schon unendlich viel gesagt worden. Das Spektrum reicht von hämischen Bemerkungen über die Arbeitsleistung von Mitarbeitern im öffentlichen Dienst bis hin zur modernen Diskussion um die Leistungsverdichtung am Arbeitsplatz, wie sie von den Gewerkschaften zunehmend geführt wird. Am besten wissen Sie aus eigener Erfahrung, wie es um Ihre Arbeitsleistung steht und die Ihrer Kolleginnen und Kollegen.

Wahrscheinlich werden Sie auch zugeben, daß Ihre persönliche Arbeitsleistung Schwankungen unterliegt. Das kann alle möglichen Ursachen haben: Von der Tagesform bis zu den aktivierenden Frühlingsgefühlen, von der Zuweisung weniger interessanter Arbeit bis hin zu einem motivierenden Vorgesetzten. Im Normalfall ist es aber trotzdem so, daß sich der Arbeitgeber im Mittelwert auf eine relativ konstante Arbeitsleistung einstellen kann und das auch über einen Zeitraum von mindestens zwei Jahrzehnten.

Um so auffälliger sollte es eigentlich sein, wenn sich bei einem Mitarbeiter ohne vordergründige Erklärung ein starker Leistungsabfall bemerkbar macht.

Beispiele: Die langjährige Sekretärin des Geschäftsführers wird in zunehmendem Maße vergeßlicher. Die Fehler häufen sich. Das Ganze hält über einen Zeitraum von mehreren Monaten an.

Der technische Zeichner in einem Konstruktionsbüro, der bisher immer ein Vorbild an Schnelligkeit und Zuverlässigkeit war, wird in seiner Arbeitsleistung immer schlechter. Er schafft es nicht mehr, gemeinsam vereinbarte Termine für die Erstellung von Zeichnungen einzuhalten. Zudem stecken seine Zeichnungen dermaßen voller Fehler, daß sie schon fast als unbrauchbar eingestuft werden müssen. Das Schlimmste ist, daß der technische Zeichner sein früher einmal beherrschtes Fachwissen offenbar verloren haben muß: Er wendet falsche Maßstäbe an und benutzt Fachausdrücke unsachgemäß. Auch hier dauert es mehrere Wochen, bis der Vorgesetzte überhaupt davon ausgeht, daß es sich um einen konstanten Leistungsabfall handelt und nicht nur um eine schlechte Tagesform.

Sie werden zugeben müssen, daß Ihnen beide Beispiele so oder in ähnlicher Form schon in Ihrem Berufsleben begegnet sind. Nun aber zu der spannenden Frage: Wie wurde in derartigen Fällen, die Ihnen bekannt sind, seitens der Vorgesetzten reagiert?

Zugegeben, ein derart rapider Leistungsabfall kann verschiedene Ursachen haben. Viele Verantwortliche für Personalfragen gehen aber zunehmend davon aus, daß der Leistungsabfall in der überwiegenden Anzahl derartiger Fälle Folge einer Mobbingaktion ist.

Die häufigsten Ursachen für einen Leistungsabfall

Woher kommt diese Erkenntnis? Es hat sich in der Vergangenheit gezeigt, und zeigt sich auch in der täglichen Praxis immer wieder, daß es zwar verschiedene, aber doch immer wiederkehrende Ursachen für akuten Leistungsabfall gibt. Es handelt sich dabei um

- Probleme aus dem Privatbereich,
- Gesundheitliche Probleme,
- Wechsel der zu erledigenden Arbeit,
- Wechsel der Kollegen.

Haben Sie erwartet, daß die Frage des Älterwerdens an dieser Stelle auch eine Rolle spielt? Das ist verständlich, trifft aber nicht zu. Wenn sich durch das Älterwerden überhaupt ein Leistungsabfall bemerkbar macht, so geschieht das grundsätzlich nicht kurzfristig und auch nicht in drastischem Maße.

Vielmehr handelt es sich – wenn überhaupt – um einen sehr langsamen und schleichenden Prozeß, der oft aber gar keine Leistungsveränderung des älterwerdenden Mitarbeiters widerspiegelt, sondern eher eine Veränderung der Arbeitsabläufe um den älteren Mitarbeiter herum.

Richtig ist dagegen, daß die vorgenannten Gründe wie Gesundheit und Vorgesetztenwechsel zu einem sehr kurzfristigen und auch sehr spürbaren Leistungsabfall führen können. Das geschieht in der Praxis vergleichsweise oft. Zugleich haben diese Fälle aber auch die Besonderheit, daß man den Mitarbeiter relativ schnell wieder zur alten Leistungsstärke motivieren kann, wenn man erst einmal eine der aufgezählten Ursachen erkannt hat.

Nun kommt aber die Überraschung: Jeder Personalleiter wird Ihnen aus eigener Praxis Fälle schildern können, in denen die Leistung eines Mitarbeiters binnen kurzer Zeit »den Bach 'runterging«, obwohl nachweislich keine der vorgenannten Ursachen auf den Fall des Mitarbeiters zutrafen. Und siehe da: Sobald man dem Leistungsabfall etwas weiter auf den Grund ging und der Mitarbeiter sich einem anvertraute, stellte sich heraus, daß ganz primitives und klassisches Mobbing den Mitarbeiter so aus der Bahn geworfen hatte, daß es zu dem Leistungsabfall kam.

Im ersten Beispielfall der Geschäftsleitungssekretärin hatte das Mobbing seine Ursache darin, daß der Betrieb aufgrund der konjunkturellen Situation weder zusätzliche Stellen schaffen noch großartige Gehaltsverbesserungen gewähren konnte. Einige jüngere Sekretärinnen erfuhren durch eine Indiskretion von den Bezügen der Geschäftsleitungssekretärin.

Schon war ein ganz einfaches Mobbingmotiv hergestellt: Die Unzufriedenheit der jüngeren Sekretärinnen über die fehlenden Entwicklungsmöglichkeiten im Betrieb führte zum Neid auf den finanziellen Status der Geschäftsleitungssekretärin. Und das ließen die jüngeren Kolleginnen diese spüren. Es wurden sowohl Gerüchte über den vergangenen Lebenswandel der Sekretärin in Umlauf gesetzt als auch die tägliche Zusammenarbeit mit ihr zu ihren Lasten erschwert. Vor allem aber wurde behauptet, daß die Geschäftsleitungssekretärin nicht mehr den modernen Anforderungen gewachsen sei und demnächst aus dem Unternehmen geworfen würde.

Natürlich wurden diese Gerüchte so klug gesteuert, daß die Sekretärin selbst davon hören mußte. Aus einer unbewußten Angst, daß an den Gerüchten tatsächlich etwas dran sein könnte, versuchte die Sekretärin alleine mit der Situation fertigzuwerden. Sie wehrte sich nicht, und sie weihte auch niemanden ein, daß sie gemobbt wurde.

Was sie aber nicht einkalkulierte, war das Phänomen, daß die meisten Mobbingopfer den Mobbingtätern auch noch den

Gefallen tun, das Mobbinggerücht voll und ganz zu bestätigen. So auch bei der Sekretärin. Übernervös und übervorsichtig unterliefen ihr schon nach kurzer Zeit die in dem Beispielfall geschilderten Konzentrationsmängel. Schon gab es den deutlichen persönlichen und betrieblichen Schaden durch Leistungsabfall eines Mitarbeiters infolge von Mobbing.

Auch im zweiten Beispielfall paßte keine der aufgezählten Ursachen zu dem Leistungsabfall des technischen Zeichners. Es gab weder eine Veränderung in der Arbeit noch von Kollegen oder Vorgesetzten. Auch stimmte die Gesundheit, und private Probleme lagen auch nicht vor.

Es gelang dem zuständigen Personalreferenten des Betriebes, das Vertrauen des technischen Zeichners zu gewinnen, und es stellte sich bald folgender Hintergrund dar: Der Mitarbeiter hatte sein Herz für Umweltschutz und natürliche Lebensformen entdeckt. Mit Engagement kämpfte er in der Freizeit für seine Überzeugung und nahm auch an populären Großdemonstrationen gegen Bauprojekte oder atomare Endmüllager teil.

Als seine Kollegen davon erfuhren, wurde er oft auf unsachliche Weise mit primitiven Fragen zu seiner Überzeugung konfrontiert. Es kam hinzu, daß der technische Zeichner sich schnell ereiferte und nicht bemerkte, wenn ihn ein Kollege nur hänseln und »auf den Arm« nehmen wollte. Eigentlich wollten die Kollegen dem engagierten Mitarbeiter gar nichts Böses, sondern sie machten sich einfach nur einen Spaß daraus, ihn ein wenig zu ärgern.

Das Dumme war nur, daß er ihnen genau den Gefallen noch tat, und sich tatsächlich über jede Hänselei ärgerte. Das führte auch dazu, daß er den tatsächlichen Stellenwert des Verhaltens seiner Kollegen nicht einordnen konnte und sich schon bald gequält und gepeinigt fühlte. Er gewann den Eindruck, daß die Kollegen ihn loswerden wollten.

Diese Zusammenhänge schlugen voll auf seine Arbeitsleistung durch. Natürlich ist es richtig, daß der Mitarbeiter etwas sensibler war als die Kollegen selbst glaubten. Auch ist es richtig, daß der Mitarbeiter die Situation nicht übersehen konnte und leider nicht die Hilfe eines Dritten in Anspruch nahm. Unter Umständen hätte das die Situation sehr schnell bereinigen können. Denn wie schon gesagt: Eigentlich wollten die Kollegen dem Mitarbeiter gar nichts Übles. Auch dieser Fall gehört somit in die Schublade »Leistungsabfall des Mobbingopfers«.

PRAXIS TIP Stellen Sie in Ihrem eigenen Betrieb selbst über einen etwas längeren Zeitraum bei einem Kollegen oder einer Kollegin einen wirklich drastischen Leistungsabfall fest, so verurteilen Sie diese(n) auf gar keinen Fall vorschnell. Eine hohe Wahrscheinlichkeit spricht dafür, daß er selber nur ein Opfer ist, und die Ursache für den Leistungsabfall im Betrieb gesucht und abgestellt werden kann.

Mobbing als Ursache für Alkoholprobleme und Rauschmittelmißbrauch

Alle offiziellen Untersuchungen und Schätzungen sind sich darin einig, daß etwa 5 % aller Mitarbeiter eines jeden Betriebes Probleme im Umgang mit Alkohol haben. Das heißt nicht, daß 5 % aller Mitarbeiter Alkoholiker sind, aber sie befinden sich in einer der Konflikt- und Abhängigkeitsphasen zum Alkohol.

Wußten Sie auch, daß etwa die Hälfte dieser alkoholgefährdeten Mitarbeiter durch rein betriebliche Gründe den Weg zum Alkohol gefunden hat oder findet? Und wußten Sie auch, daß es sich dabei oft um eine Folge von Mobbing handelt? Kurz gesagt: Das Mobbingopfer hält den Druck durch das Mobbing nicht mehr aus und flieht in den Alkohol!

> *Beispiel:* Der Vorgesetzte wird nervös, weil er das Gefühl hat, daß seine nachgeordneten Mitarbeiter in seiner Abteilung ihn mobben. Er bekommt keine korrekten Informationen, und es wird eigenmächtig gegen seine Anweisungen gehandelt. In Gesprächssituationen gewinnt er den Eindruck, er wird nicht ernst genommen. Zudem scheint einer der Mitarbeiter sowohl in fachlichen Fragen als auch in Fragen der Personalführung der Ansprechpartner für die Mitarbeiter zu sein, obwohl das eigentlich seine Aufgabe wäre.
> Das Schlimmste aber: Dem Vorgesetzten kommt zu Ohren, daß seine Mitarbeiter auch gegenüber anderen Mitarbeitern des Betriebes entsprechende Andeutungen über seine Formschwäche fallen lassen haben. Er selber hat weder die Kraft, dieser Entwicklung entgegenzusteuern, noch findet er den Mut, sich an einen Kollegen mit der Bitte um Rat zu wenden.
> Was passiert statt dessen? Er versucht einen leichten Alkoholisierungsgrad durchgängig – also auch während der Arbeit – zu halten. Für ihn besteht die angenehme Wirkung darin, daß er sich leichter in eine Scheinwelt flüchten kann und über die täglichen Erniedrigungen seitens seiner Mitarbeiter besser hinwegsehen kann. Die Flasche Cognac im Schreibtisch machts möglich ...!

Ist Ihnen auch bekannt, daß ein Alkoholkonsument in diesem Stadium kontinuierlich seinen Alkoholkonsum steigern muß, um die gewünschte berauschende Wirkung beizubehalten?

Im Klartext: Der Vorgesetzte muß Tag für Tag langsam, aber sicher ein bißchen mehr trinken, um dem Gewöhnungsprozeß des Körpers entgegenzusteuern und eine berauschende Wirkung zu verspüren.

Die Folge einer Steigerung des Alkoholkonsums ist Ihnen sicherlich bekannt: Die Alkoholabhängigkeit wird größer, und die physischen und psychischen Schädigungen durch den Alkohol nehmen dramatisch zu.

Im Beispielfall bedeutet das bei dem Vorgesetzten, daß er durch die hinzutretende Alkoholproblematik immer weniger in der Lage ist, die ihm an sich völlig klare Situation mit seinen nachgeordneten Mitarbeitern in den Griff zu bekommen. Zwar hat der Alkohol eine berauschende Wirkung, aber er steigert in keiner Weise die Konzentrations- und Leistungsfähigkeit des Vorgesetzten. Also erbringt er durch den Alkoholkonsum infolge des Mobbings bei weitem nicht mehr seine Arbeitsleistung. Über kurz oder lang wird er sogar den Arbeitsplatz aufs Spiel setzen.

PRAXIS TIP Wenn Sie mit einem Alkoholfall in Ihrem Betrieb konfrontiert werden, seien Sie auch hier vorsichtig mit vorschnellen Schuldzuweisungen. Der Schuß könnte nach hinten losgehen, wenn sich herausstellen sollte, daß die Alkoholprobleme eine betriebliche Ursache haben. Erst recht müssen Sie dann chancenlos den Rückzug antreten, wenn sich auch noch herausstellt, daß Mobbing die Ursache für das Alkoholproblem ist.

Beispiel: Ein Mitarbeiter spürt, daß sein Vorgesetzter ihn eigentlich loswerden möchte und er deshalb eine Mobbingattacke nach der anderen über sich ergehen lassen muß. Der Mitarbeiter hat nicht die Kraft, sich in

irgendeiner Art und Weise gegen seinen Vorgesetzten zu wehren oder Hilfe in Anspruch zu nehmen. Also sucht er Trost im Alkohol.
Im Unterschied zum ersten Beispielfall bewahrt er allerdings nicht einen konstanten Alkoholisierungsgrad, sondern er wird zum »Quartalssäufer«.
In regelmäßigen Abständen betrinkt er sich dermaßen, daß er nicht mehr weiß, wie er heißt. Anfangs fällt es kaum auf, daß er montags wiederholt nicht zur Arbeit escheint.
Je enger aber die Abstände zwischen den Besäufnissen werden, desto häufiger fehlt er auch zu Wochenbeginn. Bald sind erste körperliche Anzeichen des Alkoholmißbrauchs an ihm sichtbar.
Er hat auch während der Arbeitszeit einen erhöhten Bedarf an nichtalkoholischen Getränken und leidet unter Konzentrationsproblemen. Im Zusammenhang mit den häufigen Fehlzeiten an Montagen liefert der Mitarbeiter seinem Vorgesetzten nun tatsächlich einen hervorragenden Angriffspunkt, um ihn wegen seiner Alkoholprobleme unter Druck zu setzen und ihn zu veranlassen, den Arbeitsplatz und den Betrieb freiwillig für immer zu verlassen.

Auch wenn in diesem zweiten Beispielfall die Form der Alkoholabhängigkeit anders ist, so handelt es sich bei der Ursache genauso um Mobbing wie im ersten Beispielfall.

Im Klartext: Eine weitere und leider auch weit verbreitete Folge von Mobbing im Betrieb ist der Beginn von Alkoholproblemen beim Mobbingopfer. Ob ein Mobbingopfer aber zum Alkohol greift oder eine andere Folge des Mobbings in den Vordergrund tritt, hat wiederum kaum etwas mit der Mobbingaktion zu tun. Die Mobbingaktion ist nur die unumstößliche Ursache dafür, daß etwas passiert. Was genau passiert, hängt dann auch von den persönlichen Eigenschaften und Reaktionsmöglichkeiten des Mobbingopfers ab.

Während das eine Mobbingopfer irgendwann »rot sieht«, und es dann zu massiven Auseinandersetzungen im Betrieb kommt, verkriecht sich das andere Mobbingopfer und wird trotzdem in der Arbeitsleistung immer schlechter. Das dritte Mobbingopfer sucht schließlich die Flucht im Alkohol. Jedesmal sind sowohl das Mobbingopfer als auch der Betrieb die Geschädigten.

Alles das, was hier zum Thema Alkohol als Folge vom Mobbing gesagt worden ist, kann vergleichsweise auch zu anderen Rauschmitteln gesagt werden. Statistisch nehmen diese zwar noch einen geringen Stellenwert neben dem Alkohol ein, aber dieser Stellenwert scheint – vor allem bei den jüngeren Mitarbeitern – stetig zu wachsen.

Letztlich ergeben sich hier aber keine Besonderheiten im Vergleich zum Alkohol: Ob der Mitarbeiter sich und seinen Arbeitsplatz durch Alkoholabhängigkeit oder durch sonstige Rauschmittelabhängigkeit aufs Spiel setzt, ist im Ergebnis kein wesentlicher Unterschied. Auch hier gilt wieder, daß die Ursache der Abhängigkeit zwar beim Mobbing zu sehen ist, die Mobbingaktion letztlich aber nicht dafür entscheidend ist, ob der Mitarbeiter nun zum Alkohol oder zu sonstigen Rauschmitteln greift.

Mobbing als Krankheitsursache Nummer eins?

Auch diese Situation kennen Sie aus dem Betrieb, in dem Sie arbeiten: Es gibt Mitarbeiterinnen und Mitarbeiter, die sind einfach öfter krank als andere. Und dann gibt es Mitarbeiterinnen und Mitarbeiter, die in der Vergangenheit nicht besonders häufig krank waren, aber mit einem Mal in eine ausgesprochene Krankheitsphase zu geraten scheinen.

Ganz ähnlich wie beim Thema der Abhängigkeiten vom Alkohol denkt man in einer derartigen Situation zu allererst an verschiedene Ursachen, die zu einer Häufung der Krankheitszeiten bei einem einzelnen Mitarbeiter führen. Häufig sind das

- Verschlechterungen bisher unterdrückter körperlicher Leiden,
- Veränderungen im privaten Lebensumfeld,
- Veränderungen im betrieblichen Umfeld,
- Beeinträchtigungen durch akute Verletzungsfolgen.

Um Mißverständnisse zu vermeiden: Es geht hier nicht um die vereinzelte Erkrankung eines Mitarbeiters. Hier geht es einzig und allein um die häufige und weit über dem Durchschnitt liegende Ansammlung von Fehlzeiten wegen Erkrankung.

Haben Sie gewußt, daß in der Gewichtung der oben aufgezählten Ursachen für häufige Krankheitszeiten die Veränderungen im betrieblichen Umfeld den größten Anteil stellen? Und hätten Sie auch gedacht, daß bei diesen betrieblichen Veränderungen die Verschlechterung des Betriebsklimas durch Mobbing mit weitem Abstand an erster Stelle steht?

Beispiel: In einem Regionalkrankenhaus arbeitet eine große Anzahl von Krankenschwestern und Pflegekräften. Eine der Pflegekräfte wird von den Schwestern und den Kolleginnen gemobbt, weil sie zum einen ein unattraktives Äußeres hat und zum anderen nach Meinung der Mobberinnen die Gemeinschaft stört. Das hat seine Ursache darin, daß die gemobbte Pflegekraft im Sozialverhalten zu stark von ihren Kolleginnen abweicht. Während der Pausen und bei den Gesprächen während der Wachzeiten ist sie ein unbeliebter Gesprächspartner, weil sie sich nur abfällig zu den Themen äußert, die die anderen interessieren. Deshalb will niemand mit ihr zusammenarbeiten, und man versucht den Kontakt mit ihr zu vermeiden.

Natürlich spürt sie das. Ebenso natürlich führt sie das in erster Linie auf ihr unattraktives Äußeres zurück, was ihr ohnehin schon ihr Leben lang Minderwertigkeitskomplexe verursacht hat. Die Folge ist, daß sie selbst ihre Isolation noch weiter betreibt und auch nicht glaubt, daß ein Wechsel des Arbeitgebers – also der Wechsel an ein anderes Krankenhaus – zu einer Verbesserung ihrer Situation führen könnte. Fast zwangsläufig führt diese Sackgasse für die Pflegekraft zu einer physischen Abwehrreaktion gegen die Arbeit im allgemeinen und gegen den Arbeitsplatz im besonderen.

Sie wird von ihrem behandelnden Arzt krankgeschrieben. Da sich an ihrer Situation aber nichts ändert, wiederholen sich die Krankschreibungen, und sie beziehen sich vor allem auf immer längere Zeiträume. Angesichts der aktuellen Sparmaßnahmen im Gesundheitswesen führen diese hohen Ausfallzeiten der Pflegekraft zwangsläufig zu einer Mehrbelastung der Kolleginnen, was wiederum deren Abneigung gegen die gemobbte Pflegekraft noch deutlich verstärkt.

Dieser Fall führte übrigens zu einer Kündigung des Arbeitsverhältnisses durch den Krankenhausträger. Die Pflegekraft klagte erfolgreich vor dem Arbeitsgericht gegen diese Kündigung. Das Gericht folgte ihrer Argumentation, daß die Krankheitszeiten eine betriebliche Ursache hätten, und die Krankenhausleitung deshalb verpflichtet gewesen wäre, vor Ausspruch einer Kündigung der Pflegekraft erst einen anderen Arbeitsplatz an einer anderen Stelle des Krankenhauses anzubieten.

Richtig an der Bewertung dieses Beispielfalles durch das Arbeitsgericht ist sicherlich, daß die überdurchschnittlichen Krankheitszeiten der Pflegekraft ihre Ursache im betrieblichen Geschehen hatten. Streiten kann man dagegen über die Frage, ob der Arbeitgeber die Mitarbeiterin zuvor hätte versetzen müssen. Manches deutet ja daraufhin, daß sie sich nur schwer in die Betriebsgemeinschaft einfügte.

Warum hätte es dieses Problem an einer anderen Stelle des Krankenhauses nicht geben sollen? Das Gericht meinte dazu, daß der Arbeitgeber dem Mobbing keinen Einhalt geboten hat und es eben nicht bewiesen sei, daß die Pflegekraft an anderer Stelle auch gemobbt worden wäre. Vielleicht wäre sie dort auf verständnisvollere Kolleginnen getroffen.

Sie merken, welche weitreichenden Konsequenzen diese Mobbingaktion auch hier wieder hatte: Nicht nur die Pflegekraft hat die Kündigung ihres Arbeitsverhältnisses erhalten und mußte dagegen mit Hilfe der Arbeitsgerichte vorgehen, sondern auch das Krankenhaus als Arbeitgeber hat zuerst durch die Entgeltfortzahlung während der Krankheitszeiten und den danach anschließenden Prozeßverlauf einen fühlbaren wirtschaftlichen Schaden erlitten. Wie Sie die Situation an Ihrem Arbeitsplatz bewerten können, stellen Sie mit Hilfe der Checkliste 14 auf Seite 110 f. fest.

Checkliste 14: Überprüfen Sie Ihre eigene betriebliche Situation

Sind Sie über die Krankheitsquote
in Ihrem Betrieb informiert? ❐ Ja ❐ Nein

Haben Sie das Gefühl, daß sich in
Ihrem Betrieb manche Kollegen
schneller krankschreiben lassen
als andere? ❐ Ja ❐ Nein

Wissen Sie, ob überdurchschnitt-
liche Fehlzeiten von einzelnen
Mitarbeitern seitens der Betriebsleitung erfaßt werden? ❐ Ja ❐ Nein

Ist Ihnen bekannt, ob sich die
Betriebsleitung mit den Mitarbeitern auseinandersetzt,
die überdurchschnittlich oft
krank sind? ❐ Ja ❐ Nein

Gibt es in Ihrem Betrieb
sogenannte »Rückkehrgespräche«? ❐ Ja ❐ Nein

Kennen Sie selber persönlich
einen Mitarbeiter aus Ihrem Betrieb,
dessen krankheitsbedingte Fehl-
zeiten sich plötzlich stark erhöhten? ❐ Ja ❐ Nein

Sind Ihnen die Ursachen für diese
oder weitere Fälle bekannt? ❐ Ja ❐ Nein

> Hat zu Ihnen schon einmal ein
> Kollege gesagt, daß er wegen
> der Arbeit oder wegen des Betriebs-
> klimas krank geworden sei?　　　❐ Ja　❐ Nein
>
> Haben Sie schon einmal erlebt,
> daß ein Kollege, der gemobbt wurde,
> häufiger krank war als andere?　　❐ Ja　❐ Nein
>
> Haben Sie schon einmal erlebt, daß
> sich die Situation für einen gemobbten
> und erkrankten Kollegen so bereinigt
> hat, daß er anschließend wieder ohne
> Fehlzeiten an seinen Arbeitsplatz
> zurückkehren konnte?　　　　　　❐ Ja　❐ Nein

Zugegeben, vor allem die letzte Frage unterstellt schon sehr deutlich die erwartete Antwort. Wenn sich ein Mobbingopfer erstmal unbewußt durch erhöhte Krankheitszeiten vor dem Mobbing zu retten versucht, so ist die Situation kaum noch einer gerechten Lösung zuzuführen.

Jeder Personalpraktiker kann bestätigen, daß zwar andere Folgen von Mobbing – wie zum Beispiel die gestörte Zusammenarbeit – mit viel Geschick und Diplomatie wieder zu heilen ist, aber kaum die Situation für einen gemobbten und daraufhin erkrankten Mitarbeiter.

Können Sie sich die Begründung denken? Zuerst ist es schon rein praktisch sehr schwierig, mit einem durch Krankheit abwesenden Mitarbeiter eine ihn belastende betriebliche Situation so aufzubereiten, daß man aus seiner Sicht versteht, warum er sich als Mobbingopfer sieht und warum er deshalb krank geworden ist. In der Praxis sieht es nach wie vor so aus, daß die Kommunikation von Seiten des Vorgesetzten mit einem häufig erkrankten Mitarbeiter kaum noch aufrechterhalten wird.

Das ist übrigens auch einer der Ansatzpunkte für das »Rückkehrgespräch«. Der an den Arbeitsplatz zurückkehrende Mitarbeiter soll nicht über seine Krankheit ausgehorcht werden, sondern es soll ihm die Chance gegeben werden, auf Mißstände an seinem Arbeitsplatz hinweisen zu können, die ihn krankgemacht haben.

Aber selbst wenn es einem Vorgesetzten gelingt, eine Mobbingaktion aufzudecken und zu unterbinden, so sind die Chancen für den durch das Mobbing erkrankten Mitarbeiter trotzdem sehr schlecht, in der Folgezeit unbeeinträchtigt seiner Arbeit nachgehen zu können. Statt dessen gilt er weiterhin als krankheitsanfällig in den Augen der Mobber und auch anderer Kollegen und wird mit Sicherheit schon bald mit neuen Belastungen konfrontiert werden, die ihn wieder regelrecht krank machen.

Das typische Krankheitsbild des Mobbingopfers

Kennen Sie das typische Krankheitsbild des Mobbingopfers? Natürlich ruft das Mobbing – abgesehen von Ausnahmen – keine äußeren Verletzungen hervor! Andererseits wiederholen sich ganz typische Krankheitssymptome:

- In erster Linie alle Wirbelsäulenleiden.
  Das beginnt beim Hexenschuß und endet beim Bandscheibenvorfall.
- Jegliche Form von Kopfschmerzen und Migräneanfällen.
- Sehr weit verbreitet sind auch ernsthafte Funktionsstörungen des gesamten Verdauungsapparates. Denken Sie an die Reizung der Magenschleimhaut bis hin zu den Magengeschwüren.

Diese Krankheitsbilder sind typisch, wenn jemand durch fortgesetztes Mobbing ernsthaft erkrankt und nicht mehr in der Lage ist, seiner Arbeit nachzugehen.

PRAXIS TIP Wenn Sie selbst in Ihrem Arbeitsbereich bemerken, daß ein Kollege oder eine Kollegin häufiger erkrankt als früher, reagieren Sie nicht gleich verärgert, sondern – sofern Sie entsprechenden Einfluß haben – denken Sie auch an die Möglichkeit, daß die Krankheitszeiten eine Reaktion auf Mobbing sein können.

Wenn Mobbing zur inneren Kündigung führt

Mit dem Begriff der inneren Kündigung wird heutzutage ausgedrückt, daß ein Mitarbeiter zwar nicht das Arbeitsverhältnis offiziell beendet, sich aber innerlich nicht mehr mit seiner Arbeit identifiziert und engagiert. Es gibt Schätzungen, wonach Hunderttausende von Mitarbeitern zwar an ihren Arbeitsplätzen körperlich anwesend sind, aber die innerliche Kündigung schon längst vollzogen haben.

Beispiel: Ein hochqualifizierter Mitarbeiter eines Unternehmens macht seine Arbeit ordentlich und zuverlässig. Aufgrund seiner Intelligenz und seiner Ausbildung ist er aber auch in der Lage, betriebliche Verbesserungsmöglichkeiten zu erkennen oder Schäden abzuwenden. Doch beides unterläßt er schlicht und einfach. Er arbeitet so, wie es von ihm gefordert wird – nicht mehr und nicht weniger.

So kann man in etwa die äußere Reaktion eines Mitarbeiters in einem Betrieb beschreiben, der innerlich gekündigt hat. Erkennen Sie den Unterschied zum Leistungsabfall eines Mitarbeiters durch Mobbing?

Hier ist die Lösung: Eine innere Kündigung führt im Normalfall nicht dazu, daß ein Mitarbeiter akut in seiner Leistung nachläßt. Damit würde er sich ja viel zu schnell der Gefahr aussetzen, daß der Arbeitgeber seinerseits die äußere Kündigung – nämlich die Kündigung des Arbeitsverhältnisses – vollzieht. Vielmehr ist es so, daß der Mitarbeiter durch die innere Kündigung sein Engagement und sein Interesse an seinem Arbeitsplatz und an dem Betrieb verliert. Immerhin arbeitet er aber unverändert weiter – oftmals noch jahrelang. Wenn er das nicht wollen würde, könnte er ja schließlich auch das Arbeitsverhältnis »äußerlich« kündigen. Das tut er aber gerade nicht.

Im Klartext: Wie in unserem Beispielfall arbeitet der Mitarbeiter nach einer inneren Kündigung nicht mehr, als er unbedingt muß. Durch sein mangelndes Interesse engagiert er sich auch nicht für Verbesserungen. Er trägt sozusagen nicht aktiv zum Unternehmenserfolg bei.

Der wirtschaftliche Schaden für ein Unternehmen durch Mitarbeiter im Zustand der inneren Kündigung ist immens. Das Problem liegt vor allem darin, daß die innere Kündigung eines Mitarbeiters nur sehr schwer zu erkennen ist. Anders ausgedrückt: Der Schaden entsteht gerade dadurch, daß der Mitarbeiter dem Betrieb nicht sein ganzes Können zur Verfügung stellt, sondern sozusagen nur seine Normalleistung. Man weiß also gar nicht genau, welche Chancen dem Betrieb durch die innere Kündigung des Mitarbeiters verlorengehen und welcher Schaden dem Betrieb durch die fehlende Umsetzung der Chancen entsteht!

Dieser relativ komplizierte Zusammenhang ist aber wichtig, wenn man auch die innere Kündigung als Folge von Mobbing verstehen will.

Natürlich gibt es Untersuchungen darüber, wodurch die innere Kündigung eines Mitarbeiters überhaupt ausgelöst wird. Sie können sich sicherlich vorstellen, daß eine derartige Untersuchung nicht ganz einfach ist. Trotzdem sind sich die Experten darin einig, daß es vor allem eine Ursache für das Phänomen der inneren Kündigung eines Mitarbeiters gibt: Die abgelehnte Beförderung!

Hierin sind sich die Experten ausnahmsweise einmal einig. Nichts frustriert einen Mitarbeiter mehr, als wenn er sich Hoffnung auf eine Beförderung gemacht hat und dann enttäuscht wird! Das ist eine ganz schwierige Situation, die der qualifizierte und führungsstarke Vorgesetzte unbedingt kennen sollte und entschärfen muß.

Natürlich geht das nicht dadurch, daß jedem Beförderungswunsch auch nachgegeben werden kann. Sie wissen selbst, daß das natürlich unrealistisch ist. Aber ein guter Vorgesetzter läßt den enttäuschten Bewerber um eine Beförderungsposition nicht mit dieser Situation alleine. Er kann verschiedene Handlungsalternativen ergreifen, um dem enttäuschten Mitarbeiter zu helfen. Als Beispiele seien hier nur die Einbindung in Projektarbeit oder in Fördermaßnahmen genannt.

Was glauben Sie, was noch die innere Kündigung eines Mitarbeiters auslösen kann? Interessanterweise spielen häusliche und private Probleme dafür ebenso wenig eine Rolle, wie ein zu geringes Gehalt. Eine zu schlechte Bezahlung führt eher dazu, daß der Mitarbeiter sich kurz- oder mittelfristig einen anderen Arbeitgeber sucht, oder er unternimmt auf andere Weise aktiv etwas dagegen, daß er zu wenig verdient. Diese Motivation ist sogar eher dazu geeignet, daß sich manche Mitarbeiter auf innerbetriebliche Stellenausschreibungen bewerben und auf diese Weise – also letztlich durch Eigenengagement – dafür sorgen, daß sich ihr Verdienst verbessert.

Wie Sie es aber wohl auch nicht anders erwartet haben, ist die innere Kündigung auch eine der bekannten Folgen bei einem Mobbingopfer.

> ***Beispiel:*** In der Verwaltung einer öffentlichen Leihbibliothek gibt es unter den angestellten Bibliothekaren ein echtes Mobbingopfer. Einer der Bibliothekare wird wegen seiner konservativen politischen Anschauungen von den eher linksliberalen Kollegen gemobbt. In den gemeinsamen Pausen wird er entweder nicht beachtet oder aggressiv behandelt. Es werden politische Anspielungen gemacht, nach denen seine Gesinnung sehr viel weiter »rechts« einsortiert wird, als es tatsächlich der Fall ist.
> Während der Arbeit und im fachlichen Bereich wird er weitestgehend von den Kollegen und Kolleginnen ignoriert. Natürlich werden ihm auch wichtige Informationen vorenthalten. Auch werden ihm Fehlleistungen unterstellt. Der gemobbte Bibliothekar ist zwar todunglücklich über diese Situation, aber er sieht nicht die Möglichkeit der Eigenkündigung, weil er nach seiner Meinung kaum Chancen hat, anderweitig eine adäquate Beschäftigung zu finden.
> Zudem kommt hinzu, daß er bei dem gemeinsamen Vorgesetzten einen Versuch unternommen hat, auf das Mobbing gegen ihn hinzuweisen. Dieser Versuch ist aber kläglich gescheitert, weil der Vorgesetzte selber den Bibliothekar wegen seiner konservativen Einstellung ebenfalls nicht gerade schätzt.

Also ändert sich an der beschriebenen Situation überhaupt nichts, aber die Bibliothek erhält von dem Bibliothekar neben seiner normalen Arbeitsleistung auch keine Impulse zur Verbesserung des alltäglichen Bibliothekswesens. Dabei hätte er durch Ideen dazu beitragen können, wie man das Ausleihverfahren durch den Einsatz neuerer Technologien wesentlich schneller und zudem noch sicherer machen könnte.

Auch hat er Kenntnisse darüber, wie das Mahnverfahren gegenüber säumigen Gebührenzahlern effizienter gestaltet werden könnte. Doch tatsächlich geschieht nichts von alledem, denn der Bibliothekar erbringt nur die Leistungen an seinem Arbeitsplatz, die er immer erbracht hat – nicht mehr und nicht weniger.

Erkennen Sie an diesem Beispielfall, daß es geradezu zwangsläufig war, daß der gemobbte Bibliothekar in die innere Kündigung getrieben wurde? Sicherlich war es so, daß er aufgrund seiner Ausbildung und seinem Status stark genug war, um nicht persönlich an dem Mobbing zu zerbrechen. Das Mobbing hatte also nicht die Wirkung, daß er krank wurde oder seine Flucht im Alkohol suchte. Doch trat auf der anderen Seite zum Mobbing hinzu, daß sein Arbeitgeber ihn ebenfalls enttäuschte. Zwar nicht durch eine abgelehnte Beförderung, aber durch eine abgelehnte Hilfestellung.

Also erfolgt bei dem Bibliothekar eine absolut schlüssige und verständliche Reaktion: Er will auf der einen Seite nicht seinen Job verlieren, weil er realistischerweise davon ausgeht, daß es nicht so viele gute Jobs für ihn gibt. Andererseits hat er aber auch überhaupt keine Lust mehr, sich noch besonders für seinen Arbeitgeber, die Kunden oder seine Kollegen zu engagieren. Also hält er sein Engagement – und damit auch sein Wissen – einfach zurück.

Überlegen Sie einmal selbst! Haben Sie Kollegen, die innerlich gekündigt haben? Mit Sicherheit werden Sie Mühe haben, diese Frage so einfach zu beantworten. Am leichtesten ist es noch, wenn man das Verhalten derjenigen Kollegen beobachtet, die bekanntermaßen entgegen ihrer Erwartung nicht befördert worden sind oder die einer Mobbingaktion ausgesetzt sind. Das setzt aber auch voraus, daß man das tägliche Verhalten dieser Kollegen auch schon vor dem fraglichen Zeitpunkt kannte. Denn nur dann ist es für Sie feststellbar, ob aus dem engagierten und vor Ideen sprühenden Kollegen nunmehr ein eher phantasieloser Arbeitsplatzinhaber geworden ist.

Doch dafür fällt es Ihnen sicherlich leicht, sich vorzustellen, welche Chancen einem Betrieb dadurch entgehen, daß ein Mitarbeiter seine Ideen nicht zur Sprache bringt und – sofern sie denn gut sind – durchsetzt. Somit ist auch die innere Kündigung der Mobbingopfer ein Umstand, der für das betroffene Unternehmen in jedem Fall zu einem betrieblichen Schaden führt. Das besonders Gefährliche daran ist, daß dieser Umstand oft jahrelang verdeckt bleiben kann.

Die Kündigung des Arbeitsverhältnisses als Folge von Mobbing

Während die sogenannte »innere Kündigung« das Geheimnis des Mitarbeiters bleibt, geht es jetzt um die echte, formelle und juristische Kündigung des Arbeitsverhältnisses. Sie muß – egal ob schriftlich oder mündlich – auf jeden Fall den anderen Vertragspartner erreichen und eindeutig sein.

> ***Beispiel:*** Der genervte Mitarbeiter, der sich alleine an seinem Einzelarbeitsplatz aufhält, murmelt leise vor sich hin, daß er das Arbeitsverhältnis kündige. Niemand anders hat etwas davon gehört. Damit liegt natür-

lich noch keine Kündigung des Arbeitsverhältnisses vor, denn die Kündigungserklärung ist ja nicht bei seinem Arbeitgeber oder dessen Stellvertreter angekommen.

Gerade die richtige Kündigung eines Arbeitsverhältnisses durch das Mobbingopfer ist aber eine der häufigsten und bekanntesten Folgen von Mobbing.

Im Klartext: Durch das Mobbing seiner Kollegen, Vorgesetzten oder Untergebenen ist eine Mitarbeiterin oder ein Mitarbeiter so weit gebracht worden, daß sie/er das Arbeitsverhältnis kündigt und aus dem Betrieb ausscheidet.

Beispiel: Der Fall spielt in einem Dienstleistungsbetrieb in Berlin. Ein männlicher Mitarbeiter wird durch die Verbreitung des Gerüchts, er sei homosexuell, gemobbt. Zu Beginn hat er noch versucht, sich zu wehren, indem er die Mobber zur Rede stellte und sich auf Diskussionen einließ. Doch dadurch wurde die Verbreitung des Gerüchts nur noch schlimmer. Durch die psychische Belastung wurde der Gemobbte ernstlich krank, so daß längere Arbeitsausfälle folgten.
Als sich die Situation bei Rückkehr an seinen Arbeitsplatz aber nicht bessert, kündigt der Gemobbte auf Anraten seines Arztes das Arbeitsverhältnis endgültig. Als der Arbeitgeber die schriftliche Kündigung erhält, ist er von dem gesamten Vorgang völlig überrascht. Er hat gar nicht gewußt, daß es in seinem Betrieb überhaupt Mobbing gibt. Allerdings ist die Kündigung auch aus betrieblicher Sicht schädlich, weil der Gemobbte über ein großes Know-how verfügte, welches nicht so schnell ersetzt werden kann.

In dem Beispiel handelt es sich um einen ganz typischen Geschehensablauf. Die Ursache für das Mobbing ist gar nicht bekannt – womöglich handelt es sich nur um eine Bagatelle, die sich dann in ihrer Wirkung verselbständigte und nicht mehr in den Griff zu bekommen war. An der Folge läßt sich aber nicht rütteln: Ein guter Mitarbeiter hat seinen Arbeitgeber verlassen, obwohl es dafür überhaupt keine sachlichen Gründe gab. Dieser Verlust des sicheren Arbeitsplatzes für den Gemobbten und der Verlust eines guten Mitarbeiters für den Arbeitgeber hätten vermieden werden können, wenn es diese Mobbingaktion nicht gegeben hätte.

Fazit: Jeder Arbeitgeber, der einmal durch Mobbing einen guten Mitarbeiter verloren hat, wird bestimmt nicht mehr die schädliche Wirkung von Mobbing ignorieren.

Haben Sie in Ihrem Betrieb schon einmal vergleichbare Situationen erlebt? Lesen Sie dazu Checkliste 16 auf Seite 121.

PRAXIS TIP Wundern Sie sich nicht, wenn sogar ein Großteil der Kündigungen von Mitarbeitern aus Ihrem Betrieb letztlich auf Mobbing zurückzuführen sind! Oft lautet die Antwort nach den Gründen für eine Kündigung zwar nicht ausdrücklich Mobbing, aber das schlechte Betriebsklima oder der Hinweis auf neue Vorgesetzte oder Untergebene umschreibt nur den Umstand, daß es eigentlich Mobbing war, was den Mitarbeiter zur Kündigung getrieben hat.

Allerdings weisen solche Begründungen auch auf einen weiteren Umstand hin: Es ist bekannt, daß es Arbeitnehmer gibt, die schon beim leichtesten Ansatz von Mobbing gegen sie sofort die Konsequenz ziehen und das Arbeitsverhältnis kündigen. Die Erklärung dafür ist eigentlich ganz einfach:

Checkliste 15: Haben Sie vergleichbare Situationen in Ihrem Betrieb schon einmal erlebt?

Ist Ihnen aus Ihrem Betrieb bekannt, daß ein gemobbter Mitarbeiter genervt das Arbeitsverhältnis gekündigt hat? ❏ Ja ❏ Nein

Wissen Sie, ob in Ihrem Betrieb jemand mit dem Ziel gemobbt hat, daß der Gemobbte das Arbeitsverhältnis kündigt? ❏ Ja ❏ Nein

Wenn Sie gut überlegen: Hat es Kündigungen von Mitarbeitern in Ihrem Betrieb gegeben, die eigentlich unverständlich erscheinen? ❏ Ja ❏ Nein

Wenn Sie sich an solche Kündigungen erinnern: War es so, daß der Mitarbeiter selber gekündigt hat und anschließend sogar arbeitslos wurde? ❏ Ja ❏ Nein

Haben Sie einmal darüber nachgedacht, ob für eine derartige Kündigung die Ursache im Mobbing gelegen haben könnte? ❏ Ja ❏ Nein

Es handelt sich in der Regel um überdurchschnittlich gut ausgebildete und persönlich unabhängige Mitarbeiter, die es aus ihrer Sicht überhaupt gar nicht nötig haben, sich mit einer derartig negativen Sache wie Mobbing gegen die eigene Person überhaupt auseinandersetzen zu müssen.

Aus betrieblicher Sicht hat dieses Phänomen sogar zwei Haken: Erstens handelt es sich dabei fast immer um höher qualifizierte Mitarbeiter, auf die der Betrieb in besonderer Weise »baut«. Zum anderen handelt es sich überdurchschnittlich um ungebundene und flexible Mitarbeiter, die also auch in der Lage wären, für den Betrieb an verschiedenen Arbeitsorten einsetzbar zu sein und Aufbauarbeit zu leisten.

> *Beispiel:* In einem mittelständischen Pharmaunternehmen ist in der Forschungsabteilung eine Akademikerin beschäftigt, die sowohl Medizin als auch Chemie studiert hat. Sie ist Anfang dreißig und persönlich ungebunden. Ein Kollege und enttäuschter Verehrer aus dem Betrieb zettelt ein Mobbing gegen die Mitarbeiterin an. Als die Mitarbeiterin im betrieblichen Alltag mitbekommt, daß irgend etwas in der Luft liegt, kündigt sie sofort gegenüber dem Arbeitgeber fristgerecht das Arbeitsverhältnis. Es ist für sie aufgrund ihrer hervorragenden Qualifikation überhaupt kein Problem, noch während der Kündigungsfrist ein neues Arbeitsverhältnis zu finden, ohne daß sie persönlich dadurch Nachteile hat.

Schicksalsträchtig sind aber ohne Zweifel die Fälle, in denen ein Gemobbter so unter dem Mobbing leidet, daß ihm gar nichts anderes mehr übrig bleibt, als von sich aus das Arbeitsverhältnis zu kündigen. Diese Fälle kann man in der persönlichen Tragweite gar nicht unterschätzen.

Wenn Mobbing zur Lebensbedrohung wird

Aber es kann noch dicker kommen: Auch Sie kennen mindestens aus den Medien die Fälle, in denen Mobbing am Arbeitsplatz das Mobbingopfer regelrecht in den Tod getrieben hat!

> *Beispiel:* Tatort ist die Finanzbehörde in einer süddeutschen Großstadt. Eine junge Kollegin hat »unstandesgemäß« einen Asylbewerber vom afrikanischen Kontinent geheiratet. Sehr schnell beginnt ein Mobbing gegen sie mit Gerüchten über ihr Privatleben. Die junge Mitarbeiterin ist auf ihren Arbeitsplatz angewiesen, weil sie zur Zeit die Alleinverdienerin in der jungen Ehe ist.
> Zuerst versucht sie, das Mobbing gegen sie zu ignorieren. Anschließend wird sie krank. Doch jedesmal, wenn sie nach einer Phase der Krankheit an ihren Arbeitsplatz zurückkehrt, muß sie feststellen, daß sie nach wie vor gemobbt wird. Zugleich wird sie aber auch immer empfindlicher, und manche Reaktionen von ihr gegenüber ihren Kollegen sind ausgesprochene Überreaktionen. Als dann noch leichte Probleme aus ihrer jungen Ehe hinzutreten, nimmt sie eine Überdosis Schlaftabletten und kann von den Ärzten nicht mehr ins Leben zurückgeholt werden.

Die Statistiken sprechen eine eindeutige Sprache: Fast ausnahmslos sind es Frauen, die als Mobbingopfer in den Selbstmord getrieben werden. Als Erklärung dafür wird angeführt, daß Frauen es noch schwerer haben als Männer, damit fertigzuwerden, wenn sie gemobbt werden. Wahrscheinlich kommt auch noch hinzu, wenn das Mobbing gegen Frauen häufiger über Gerüchte aus der Privatsphäre läuft, die das weibliche Mobbingopfer härter auch in ihrer privaten Existenz treffen.

Natürlich ist anschließend die Betroffenheit in einem Betrieb groß, wenn sich herausstellt, daß ein aktiver Mitarbeiter freiwillig aus dem Leben geschieden ist und ein klarer Zusammenhang zu einem Mobbing an seinem Arbeitsplatz bekannt wird. Nicht nur die Geschäftsleitung, sondern auch die unbeteiligten Kollegen und – vor allem – die eigentlichen Mobber sind spätestens jetzt ganz kleinlaut. Wenn Sie einmal persönlich in Ihrem Betrieb einen derartigen Fall miterleben, so achten Sie auch einmal darauf, wie die Reaktionen nach Bekanntwerden eines solchen Schicksals verlaufen. Auf eines können Sie sich dann verlassen: Ein solches Ende eines Mobbingopfers hat natürlich niemand gewollt!

Es liegt in der Natur der Sache, daß konkrete Aussagen nur sehr schwer möglich sind, wann ein Mobbingopfer selbstmordgefährdet ist und wann nicht. Folgende Anhaltspunkte lassen sich aber festhalten:

- das Mobbing bezieht sich in erster Linie auf Umstände aus dem privaten Lebensbereich,
- die Mobbingattacke läuft über einen längeren Zeitraum und hält hartnäckig mit unverminderter Stärke an,
- das Mobbingopfer hat keine Unterstützung im Betrieb und steht dem Mobbing machtlos gegenüber,
- das Mobbingopfer ist im erhöhten Maße auf das Einkommen aus dem Arbeitsverhältnis angewiesen,
- es existiert noch neben dem Mobbing eine zweite ernsthafte Belastung aus dem privaten Bereich für das Mobbingopfer.

Natürlich bedeuten diese Indizien nicht, daß ein Mobbingopfer Selbstmord begeht, wenn die genannten Punkte vorliegen. In jedem Fall sollten aber alle Beteiligten unbedingt wissen, daß ein Mobbingopfer in einer derartigen Situation zumindest selbstmordgefährdet ist! Nun können Sie natürlich einwenden, daß schon der gesunde Menschenverstand erkennen läßt, in welcher persönlichen Gefahr sich jemand befinden muß, der ein Mobbing mit diesen Randbedingungen erleidet. Aber vergessen Sie nicht, daß jede Mobbingaktion – und zwar wirklich jede – eine echte Gruppendynamik besitzt, bei der der gesunde Menschenverstand gar keine oder nur noch eine untergeordnete Rolle spielt.

Mobbing als Existenzbedrohung für die ganze Familie

Auch dieses traurige Kapitel darf bei der Aufzählung der Folgen, was Mobbing alles anrichten kann, nicht fehlen. Dabei brauchen Sie sich nur vorzustellen, daß hinter jedem Mobbingopfer auch eine Familie mit Kindern stehen kann, die von dem Einkommen desjenigen abhängig ist, der seinen Arbeitsplatz durch das Mobbing verliert.

Was passiert denn, wenn das Mobbingopfer zum Alkohol oder anderen Rauschmitteln greift? Der Ehegatte und die Familie stehen hilflos vor einer Situation, die sie zwar unmittelbar treffen wird, an der sie aber nichts ändern können.

Was passiert, wenn das Mobbingopfer durch das fortgesetzte Mobbing eine ernsthafte und lang andauernde Krankheit erleidet? Auch hier bekommt die Familie die Folgen ungedämpft zu spüren.

Was passiert, wenn das Mobbingopfer unter dem Druck des Mobbings selber das Arbeitsverhältnis kündigt? Kann die Familie diese Kündigung des Arbeitsverhältnisses sozial auffangen? Was passiert, wenn das Mobbingopfer anschließend arbeitslos wird? Beginnt damit der Weg für die ganze Familie in die Verschuldung?

Was passiert mit der Familie, wenn das Mobbingopfer sogar in den Tod getrieben wurde? Wird die Familie damit automatisch zum Sozialfall?

Diese wenigen Fragestellungen zeigen bereits die soziale Tragweite, die aus einem innerbetrieblichen Mobbingvorgang resultieren kann. Haben Sie sich auch schon dabei ertappt, daß Sie zwar interessiert den Medienbericht über Mobbing verfolgt haben, aber Ihnen nicht bewußt wurde, daß oftmals hinter einem Mobbingopfer noch weitere – unschuldige – Opfer stehen?

Der entscheidende Unterschied dieser Folge des Mobbings zu anderen Mobbingfolgen liegt darin, daß an dieser Stelle der Bereich des Arbeitsverhältnisses verlassen wird. Das Erschreckende an dieser Folge ist, daß es keine andere Ursache hat als die anderen Mobbingfolgen auch. Das bedeutet zugleich, daß das Mobbing auch nicht irgendeine besondere Qualität haben muß, um zu einer Existenzbedrohung für eine ganze Familie zu werden. Im Gegenteil: Im Prinzip kann jede Mobbingaktion dazu führen.

Das bedeutet: Auch ein noch so leichtfertiges und haltloses Mobbing kann dazu führen, daß das Mobbingopfer Trost im Alkohol sucht und schließlich auch das Arbeitsverhältnis kündigt. Machen Sie sich bitte einmal in Ruhe klar, welche Folgen das für die Familie des Mobbingopfers haben kann, wenn diese von dem betreffenden Arbeitseinkommen gelebt hat!

Ihr Verhalten beim Mobbing, wenn Sie nicht das Opfer sind

Im Verlaufe eines normalen Arbeitslebens kommen Sie mehrere Male mit Mobbing in Berührung. Das heißt natürlich nicht, daß Sie auch jedes mal das Opfer sein müssen. Ganz im Gegenteil: Es kann gut sein und ist Ihnen ja auch zu wünschen, daß Sie selber niemals gemobbt werden. Andererseits ist es aber sicher, daß Sie bei einem Mobbing mit in den Kreis der Mobber einbezogen werden oder daß Sie nur als Unbeteiligter erleben, daß jemand gemobbt wird.

Genau um diese Rolle geht es! Wie verhalten Sie sich, wenn Sie merken, daß auch Sie zur Verbreitung eines Mobbinggerüchts beitragen sollen? Haben Sie da eigene Erfahrungen? Haben Sie für derartige Situationen feste Regeln, nach denen Sie sich jedesmal verhalten? Oder ist es eher so, daß es Ihnen auch passieren kann, daß Sie Teil der Mobber werden, ehe Sie sich überhaupt richtig versehen haben?

Natürlich gehört eine Menge Mut dazu, diese Fragen – ehrlich – zu beantworten. Gerade deshalb ist es äußerst wichtig, verschiedene Verhaltensweisen aufzuzeigen, die es für derartige Situationen geben kann. Welches sind denn die Standartsituationen? Wie verhalten sich andere?

Mobbing: Am besten ignorieren?

Beispiel: In einem größeren Hotel im Kölner Raum sind mehrere gut ausgebildete Absolventinnen der Hotelschule beschäftigt. Weil diese Damen zudem auch noch überdurchschnittlich attraktiv sind, kommt es bald zu einigen Unruhen unter den männlichen Kollegen, aber auch in den Reihen der weiblichen Beschäftigten. Der Neid spielt eine große Rolle.
Als eine der Absolventinnen zur Partnerin eines vermögenden Herrn wird, der einige Zeit zuvor in dem Hotel logierte, startet eine vehemente Mobbingwelle gegen

> diese Absolventin. Diese beginnt mit dem Gerücht, daß sich die junge Dame dem vermögenden Herrn während dessen Hotelaufenthalts in unzulässiger Weise genähert haben soll. Dieses Gerücht vervielfältigt sich zuerst während der gemeinsamen Pausen der Beschäftigten. Allerdings wird es auch nur sehr vorsichtig verbreitet, weil die Urheber genau wissen, daß es völlig unwahr ist. Zudem befürchten die Mobber Sanktionen seitens der Hotelleitung.

Stellen Sie sich vor, Sie wären einer der Beschäftigten in diesem Hotel. Sie kennen die Zusammenhänge. Sie merken, wie in Ihrer Nähe in der Betriebskantine das Gerücht über das unstatthafte Verhalten der Absolventin verbreitet und vertieft wird. Mal ehrlich: Sind Sie neugierig? Würden Sie gerne mehr erfahren?

Natürlich ist es spannend, möglicherweise pikante Details zu erfahren. Natürlich möchte man gern wissen, ob an der ganzen Geschichte etwas dran ist. Natürlich möchte man vor allem gut informiert sein.

Doch angenommen, Sie haben bereits in Ihrem Betrieb die Folgen von Mobbing kennengelernt und deshalb für sich die Konsequenz gezogen, jedem Mobbing möglichst weit fern zu bleiben. Bezogen auf unseren Beispielfall bedeutet das im Klartext: Sie ignorieren die Gerüchteküche. Weder werden Sie interessierter Zuhörer, noch tragen Sie selber zur aktiven Verbreitung des Gerüchts über die Absolventin bei.

Doch schon die nächste Frage an Sie: Was hat das für Konsequenzen, wenn Sie zwar mitbekommen, daß jemand gemobbt wird, aber im übrigen selber das Mobbing völlig ignorieren? Natürlich hat es zum einen zur Konsequenz, daß es einen Mobber weniger gibt. Wenn sich alle so wie Sie verhielten, hätte Mobbing keine Chance. Da das aber nicht der Fall ist, muß leider davon ausgegangen werden, daß das Mobbing trotz Ihrer persönlichen Haltung weiter seinen Weg nimmt. In unserem Beispielfall bedeutet das:

Das Gerücht um die Absolventin wird sich weiter verbreiten. Irgendwann wird sie mehr oder weniger direkte Anspielungen zu hören bekommen. Unter Umständen wird ihre persönliche und frauliche Ehrenhaftigkeit in Zweifel gezogen. Nach normalem Verlauf eines jeden Mobbings wird die Absolventin dann als Mobbingopfer irgendwann an einer der Folgen des Mobbings zu erkennen sein. Entweder wird ihre fachliche Leistung schwächer, ihre Krankheitszeiten häufen sich oder vielleicht kündigt sie auch das Arbeitsverhältnis. Das kommt letztlich darauf an, wie konkret sie durch das Mobbing belastet wird.

PRAXIS TIP Natürlich ist es eine ehrenvolle Haltung, Mobbing zu ignorieren. Das kann aber nur gelten, wenn Sie nicht entweder als Vorgesetzter oder als Beteiligter die Pflicht haben, das Mobbing möglichst zu unterbinden. Im Normalfall reicht dafür das bloße Ignorieren nicht aus!

Der Reiz des Mitmachens

Es ist ganz offensichtlich, daß die Medien sich auch deshalb so auf das Thema Mobbing stürzen, weil es in enger Verwandtschaft zum ganz normalen Klatsch und Tratsch steht. Und wer kann schon von sich behaupten, daß er nicht auch mal gerne klatscht und tratscht? Und schon stehen wir vor dem Phänomen, weshalb dem Mobbing noch eine lange und unsterbliche Karriere vorausgesagt wird: Es ist der schlichte Reiz des Mitmachens!

Beispiel: In einem kleineren Handwerksbetrieb stimmt die Chemie zwischen den alteingesessenen Kollegen und einem Neuanfänger nicht. Er verhält sich nach Ansicht der Altmitarbeiter zu distanziert und meint offenbar, er sei etwas Besseres. Schon nach kurzer Zeit beginnt ein echtes Mobbing, welches sowohl die fachliche Leistung als auch die Privatsphäre in den Schmutz zieht.

Ist es nicht interessant, als Mitarbeiter dieses kleinen Betriebs selber auch zu hören und zu verbreiten, welche Details über den unbeliebten Kollegen bekannt sind? Erstens wird die eigene Neugierde dadurch am besten befriedigt, daß man selber möglichst viel von den Gerüchten erfährt. Zum anderen liegt aber auch ein großer Reiz darin, selber diese detaillierten Kenntnisse »ganz im Vertrauen« weiterzugeben! Es macht immer Spaß, mehr zu wissen als andere. Noch mehr Spaß macht es aber, dieses Wissen auch zu zeigen, und es zu verbreiten. Darin liegt der ganze Reiz des Mitmachens.

Der Zeitpunkt des »Ausstiegs«

Vor allem, wenn Sie wissen, zu welchen Folgen Mobbing führen kann, wird sich Ihnen oft die Frage stellen, wo die Grenze zwischen dem Reiz des Mitmachens und des Aufhörens liegt.

Es spricht nur für Ihre Ehrlichkeit, wenn Sie nach den vorangegangenen Kapiteln zugeben, daß Sie auch schon mal dem Reiz erliegen, sich an der Verbreitung eines Mobbinggerüchts zu beteiligen. Streng genommen sind Sie dann auch ein Mobber. Aber gibt es da nicht verschiedene Grade der Beteiligung?

Denken Sie daran, wie sich ein Mobbing gegenüber dem Mobbingopfer darstellt: Es kann sein, daß das Mobbingopfer durch Anspielungen in seiner fachlichen oder persönlichen Ehre verletzt wird. Es kann aber auch sein, daß das Mobbingopfer isoliert wird oder die fachliche Zusammenarbeit zum Stillstand kommt.

Wie weit reicht der Reiz des Mitmachens, damit Sie sich auch an einer der vorgenannten Aktionen beteiligen? Tatsache ist, daß die meisten Beteiligten an dem Übergang von der Verbreitung eines Gerüchts zur konkreten Aktion gegenüber dem Mobbingopfer aussteigen. Aussteigen heißt in diesem Sinne aber nur, daß sich der Beteiligte nicht aktiv an der direkten Mobbingaktion gegenüber dem Mobbingopfer beteiligt. Mit Aussteigen ist nicht gemeint, daß sich der Beteiligte auch von den möglicherweise zugrundeliegenden Gerüchten distanziert oder deren Verbreitung unterbindet.

Auch an dieser Stelle können Sie wieder ganz genau erkennen, weshalb das Mobbing nicht aussterben wird: Die Beteiligung am Mobbing läßt Ihnen viele Möglichkeiten, Ihre Teilnahme selbst zu dosieren und zu steuern.

Im Klartext: Sie sind nicht gezwungen, von A bis Z komplett ein Mobbing zu betreiben, sondern Sie haben quasi selbst in der Hand, bis wohin Sie gehen. In Wirklichkeit heißt das aber auch, daß Sie sich viele Hintertürchen offen lassen können, um sich selbst einzureden, daß Ihre eigene Beteiligung angesichts der anschließenden Folge beim Mobbingopfer gar nicht so schlimm gewesen sei.

PRAXIS TIP Versuchen Sie lieber, sich möglichst überhaupt nicht an einem Mobbing zu beteiligen. Es ist nämlich nicht richtig, daß Sie durch Ihre Beteiligung und die Möglichkeit des derzeitigen Aufhörens die Situation im Griff haben. Vielmehr ist das Gegenteil der Fall. Das Mobbing lebt vom Mitläufertum. Je mehr mitmachen, desto schneller wird das Mobbingopfer kapitulieren.

Da es andererseits aber nur allzu menschlich ist, wenn Sie sich einem gewissen Klatsch und Tratsch nicht entziehen können, so sollten Sie immer dann aussteigen, wenn Sie merken, daß jemand unter dem Klatsch und Tratsch leidet. Spätestens dann ist es nämlich Mobbing.

Allerdings gibt es Experten, die zu Recht darauf hiweisen, daß auch dieser Moment eigentlich zu spät für einen Ausstieg ist. Wenn es nämlich erst einmal so weit ist, daß das Mobbingopfer als solches zu erkennen ist, kann das Rad normalerweise nicht mehr zurückgedreht werden. Sie haben mit Ihrer Beteiligung dann bereits aktiv dazu beigetragen, daß sich das Mobbingopfer in einer nahezu ausweglosen Lage befindet.

Wichtig: Entwickeln Sie ein Gespür dafür, wann Klatsch und Tratsch bösartig ist.

PRAXiS TiP Prüfen Sie selbst, wie Sie sich fühlen würden, wenn Sie wüßten, daß die Kollegen in gleicher Art und Weise auch über Sie reden. Wenn Sie der Meinung sind, daß sei schon okay, dürfte Mobbing wohl noch nicht unmittelbar vor der Tür stehen. Wenn Sie aber das Gefühl haben, Sie selbst fänden es nicht in Ordnung, wenn man so über Sie spricht, dann sollten Sie auch überlegen, sich selber »an die eigene Nase zu fassen« und mit sofortiger Wirkung Ihre Teilnahme am Mobbing aufzugeben.

Was können Sie gegen Mobbing tun, wenn Sie nicht selbst betroffen sind?

Welche Möglichkeiten Sie als Kollege haben	134
Wo lauert die Gefahr, wenn Sie helfen?	139
Welche Möglichkeit Sie als Vorgesetzter haben	141
Das Gespräch mit den Mobbern	145
Wenn disziplinarische Maßnahmen erforderlich sind	145
Warum bei Mobbing für den Vorgesetzten Handlungszwang herrscht	146
Welche Möglichkeiten haben Sie als Chef?	147
Die sanfte Maßnahme Nummer 1: Das Betriebsklima	148
Die sanfte Maßnahme Nummer 2: »Das Ohr an der Schiene«	150
Die harten Maßnahmen	152
Die Abmahnung	153
Was passiert dann im Prozeß?	157
Warum die Abmahnung so wichtig ist	157
Die Kündigung des Mobbers	158
Die Kündigung des Mobbingopfers	161
Wie geht das Arbeitsgericht vor?	162

7 Was können Sie gegen Mobbing tun, wenn Sie nicht selbst betroffen sind?

Bekanntlich ist es ein Riesenunterschied, ob Sie in Ihrem eigenen Betrieb zwar von einem Mobbing wissen, aber sich nicht daran beteiligen, oder ob Sie aktiv eingreifen, um das Mobbing möglichst zu unterbinden. Natürlich kommt es dabei immer darauf an, in welcher Funktion Sie sich zur Zeit des Mobbings im Betrieb befinden. Es ist klar, daß es auch Funktionen oder Positionen in einem Betrieb gibt, da können Sie gar nichts tun, selbst wenn Sie merken, daß ein Mobbingopfer im erheblichen Maße unter einem Mobbing leidet.

Letztlich entscheidet auch die betriebliche Hierarchie, welche Möglichkeiten Sie überhaupt haben, gegen Mobbing etwas zu tun. Andersherum gilt aber auch: Gerade durch die betriebliche Hierarchie können Sie gezwungen sein, etwas gegen Mobbing tun zu müssen. Denken Sie nur an Ihre Vorgesetztenfunktion und Ihre daraus resultierende Verpflichtung, auch mit Hilfe Ihrer Führungsaufgabe Schaden vom Betrieb und den Mitarbeitern fernzuhalten.

Welche Möglichkeiten Sie als Kollege haben

Dieses Kapitel setzt zwei Dinge voraus: Erstens, daß Sie überhaupt etwas gegen ein Mobbing unternehmen, von dem Sie etwas mitbekommen. Zweitens, daß Sie auf derselben Stufe der Betriebshierarchie stehen wie die Mobber und das Mobbingopfer, also Kollegin oder Kollege sind.

Achtung: Es macht einen Riesenunterschied aus, ob Sie als Kollege, Vorgesetzter oder unterstellter Mitarbeiter etwas gegen Mobbing tun wollen. Ein und derselbe Ratschlag kann in dem einen Fall richtig, in dem anderen Fall falsch sein.

Sie erleben also, wie in Ihrem Betrieb ein Mitarbeiter von mehreren anderen Mitarbeitern gemobbt wird. Die Mitarbeiter reden schlecht über ihn, machen seine Arbeit schlecht und hindern ihn sogar daran, seine Arbeit vernünftig zu erledigen. Die Mitarbeiter isolieren das Mobbingopfer. Als dieses versucht, die Sache anzusprechen, wird alles ins Lächerliche gezogen, und das Mobbing geht unvermindert weiter.

Wenn Sie hier etwas gegen dieses Mobbing tun wollen, dürfen Sie sich natürlich als erstes nicht daran beteiligen. Das hört sich zwar selbstverständlich an, ist es aber nicht. Also: Weder dürfen Sie sich ebenfalls schlecht über den gemobbten Kollegen äußern, noch dürfen Sie ihn in fachlicher Hinsicht schlechter behandeln als andere.

Aber: Bekanntlich ändert dieses Ignorieren der Mobbingaktion so gut wie überhaupt nichts, wenn es genug Mobber gibt, die dem Mobbingopfer weiter das Leben schwer machen.

Konsequenterweise folgt daraus, daß Sie mehr tun müssen als nur ignorieren, wenn Sie dem Mobbingopfer tatsächlich helfen wollen. Wie kann solche Hilfe aussehen?

Beispiel: Sie erleben mit, wie ein Kollege von Ihnen zunehmend gemobbt wird. Es fing erst ganz harmlos als Klatsch und Tratsch an. Mittlerweile wird der Kollege aber nur noch gehänselt und von den Mobbern nicht mehr ernst genommen. Die Situation wird immer kritischer. Egal, ob der Kollege anwesend ist, die Mobber reden schlecht über ihn und von ihm.

Um Kollegen zu helfen, gibt es jetzt als ersten Schritt, daß Sie gegenüber den Mobbern der schlechten Nachrede entgegentreten. Das darf weder agressiv noch übereifrig erfolgen. Am besten ist, wenn Sie die üble Nachrede hinterfragen und in Zweifel ziehen. Wenn Sie das geschickt anfangen und Glück haben, werden die Mobber schon bald die Lust an dem Thema verlieren, weil ihnen die Argumente ausgehen.

Eine andere Möglichkeit ist auch, daß Sie in den Gesprächen eine positive Darstellung von dem Mobbingopfer geben oder Ihre positiven Erfahrungen aus der Zusammenarbeit einbringen.

So können Sie im Prinzip auch dann reagieren, wenn die Mobber das Mobbingopfer isolieren oder von der Zusammenarbeit abschneiden. Hier helfen Sie dem Mobbingopfer am meisten, wenn Sie sich persönlich nicht von ihm abwenden und auf fachlicher Ebene das Ihnen Mögliche tun, damit das Mobbingopfer weiterhin ungeschadet seine Arbeitsleistung erbringen kann.

PRAXIS TIP Achten Sie bei diesen Aktivitäten zugunsten des Mobbingopfers ganz bewußt immer auf das gesunde Augenmaß! Sie tun weder sich noch dem Mobbingopfer einen Gefallen, wenn Ihre Hilfeaktionen künstlich und übereifrig wirken.

Künstliche und übereifrige Rettungsaktionen können nämlich Wasser auf die Mühle der Mobber sein. Stellen Sie sich nur vor, Ihre Hilfestellung wirkt deshalb übertrieben, weil das Mobbingopfer Ihre Hilfe als solche gar nicht erkennt und womöglich gleichgültig reagiert. Wenn dieser Zusammenhang auch noch leicht durchschaubar ist, so stellt er einen hervorragenden Anlaß für die Mobber dar, auch noch das schlechte Sozialverhalten des Mobbingopfers mit in ihre Mobbingaktionen einzubeziehen.

Als dritte Stufe in Ihren Hilfestellungen haben Sie dann noch die Möglichkeit, sich direkt an das Mobbingopfer zu wenden und diesem Ihre Hilfe und Unterstützung und Solidarität anzubieten. Diese Alternative sollte aber auch deshalb erst die dritte Stufe Ihrer Reaktionsmöglichkeiten sein, weil sie die schwierigste ist. Sie erfordert von Ihnen eine ausgezeichnete Kenntnis der Zusammenhänge des Mobbings, ferner ein Talent für die richtige Wortwahl gegenüber dem Mobbingopfer und letztlich jede Menge Fingerspitzengefühl für den richtigen Zeitpunkt.

Aber der Reihe nach: Erstens dürfen Sie nur dann ein Mobbingopfer auf die Situation ansprechen und Ihre Hilfe anbieten, wenn Sie genau wissen, daß derjenige auch tatsächlich gemobbt wird. Das bedeutet auch, daß derjenige selbst schon wissen muß, daß überhaupt ein Mobbing gegen ihn läuft.

Ansonsten wäre es für diese Hilfestellung entscheidend zu früh. Stellen Sie sich vor, derjenige fühlt sich noch gar nicht als Mobbingopfer und Sie erklären ihm, daß er aber ein Mobbingopfer ist und bieten ihm Ihre Hilfe an. Bestensfalls bedankt sich derjenige dann bei Ihnen für Ihre Aufmerksamkeit und betrachtet Sie als wohlwollenden Kollegen. Schlechtestenfalls haben Sie damit den Mobbern einen großen Dienst erwiesen, denn nunmehr fühlt sich derjenige tatsächlich erst richtig als Mobbingopfer!

Zweitens ist wichtig, daß Sie die richtigen Worte finden. Diese dürfen nicht zu drastisch, aber auch nicht verharmlosend sein. Wenn Sie gleich mit zu strammen Worten an die Sache herrangehen, kann Ihnen passieren, daß das Mobbingopfer Ihre Hilfe gar nicht erkennt, sondern eher glaubt, Sie wollten ihn erst recht mobben.

Optimal ist es, wenn Sie in der Lage sind, schon nach den ersten Worten selbst auch noch bezüglich Ihrer Wortwahl reagieren zu können: Merken Sie, daß das Mobbingopfer die Situation selbst genau durchschaut und sich offensichtlich darüber freut, daß Sie ihm Ihre Hilfe anbieten, so wäre Dramatik Ihrerseits völlig fehl am Platze. Haben Sie aber das Gefühl, daß es dem Mobbingopfer gut tut, auch von einem Kollegen einmal die eigene Sicht bestätigt zu bekommen, so ist es durchaus sinnvoll, die Mobbingzusammenhänge komplett darzustellen. Wie gesagt: Optimal ist es, wenn Sie die Reaktion Ihrer Gegenseite genau registrieren und sich danach verhalten.

Drittens ist noch wichtig, daß Sie den richtigen Zeitpunkt für Ihre Hilfestellung gegenüber dem Mobbingopfer erwischen. Der richtige Zeitpunkt heißt an dieser Stelle vor allem, die richtige Zeitdauer für das Gespräch. Es bringt überhaupt nichts, wenn Sie quasi im Vorübergehen ein Gespräch mit einem derartigen Tiefgang anfangen, aber nach drei Minuten abbrechen müssen, weil zum Beispiel die Arbeit Ihre ungeteilte Aufmerksamkeit erfordert.

PRAXIS TiP Achten Sie unbedingt darauf, daß Sie das erste Gespräch zur Hilfestellung gegenüber einem Mobbingopfer ungestört führen können und ausreichend Zeit zur Verfügung haben! Für ein Mobbingopfer, das ohnehin schon »angeschlagen« ist, kann es geradezu katastrophale Folgen haben, wenn Sie quasi durch den Gesprächsbeginn das Mobbingopfer noch auf seine Situation aufmerksam machen und dann keine Zeit mehr haben, um Ihre Hilfe anbieten zu können. Eines wäre dann ganz sicher: Die Situation ist noch schlimmer als vorher!

Also im Klartext: Es ist ein richtiger und mutiger Schritt, wenn Sie dem Mobbingopfer direkt Ihre Hilfe anbieten. Dieser Schritt darf aber nicht fahrlässig unternommen werden, um die Situation für das Mobbingopfer nicht zu verschlimmern. Vielmehr sollten Sie gut vorbereitet und konzentriert in dieses Gespräch gehen.

PRAXIS TIP Seien Sie bitte so ehrlich und unterlassen diese Hilfestellung, wenn Ihr ernsthaftes Interesse nicht der Hilfe gegenüber dem Mobbingopfer gilt! Sie schaden nur dem Mobbingopfer und sich selbst, wenn Sie Ihre Hilfe aus Gründen der eigenen persönlichen Profilierung anbieten. So etwas wird schnell durchschaut und geht in jedem Fall zu Ihren Lasten.

Wo lauert die Gefahr, wenn Sie helfen?

Es hört sich zwar traurig an, ist aber leider Realität: Wenn Sie beim Mobbing nicht mitmachen oder sogar aktiv das Mobbing verhindern wollen, sollten Sie in besonderem Maße darauf achten, ob Sie nicht anschließend selbst gemobbt werden.

Beispiel: Es geht noch einmal um die Fälle, die zwar völlig einfach und vordergründig klingen, aber sehr häufig an der Tagesordnung sind. Ein männlicher Kollege wird deshalb gemobbt, weil ihm ein Doppelleben als Transvestit nachgesagt wird. Ein anderer Kollege setzt sich energisch für das Mobbingopfer ein und läßt keine Gelegenheit ungenutzt, zugunsten des Mobbingopfers Partei zu ergreifen. Was passiert? Natürlich beginnt schon bald das Gerücht, daß der helfende Kollege dem Mobbingopfer aus privaten Gründen hilft. Und schon folgt die Begründung: Der helfende Kollege ist ebenfalls Transvestit! Noch bevor er sich versieht, wird er selber gemobbt, und kann sich in der Betriebsgemeinschaft nicht mehr wohl fühlen.

Sie merken, wie außerordentlich schwierig die Hilfestellung für ein Mobbingopfer sein kann. Da Mobbing zwar von menschlichen, aber niederen Beweggründen vorangetrieben wird, müssen Sie als helfender Kollege natürlich auch die Niederträchtigkeit der Mobber mit einkalkulieren.

PRAXIS TIP Beziehen Sie bei Ihren Hilfestellungen immer auch das Thema des Mobbings mit in Ihre Überlegungen ein!

Um Mißverständnissen vorzubeugen: Natürlich kann keine Rede davon sein, daß Sie ein Mobbingopfer seinem Schicksal überlassen, weil der Grund für das Mobbing aus irgendwelchen Gründen unpopulär ist und Ihnen selber schaden könnte. Diese Schlußfolgerung wäre für das Mobbingopfer in doppelter Hinsicht schrecklich: Zum einen ist das Opfer schon mit einem besonders häßlichen Thema belastet, und zum anderen hat es gerade deshalb erst recht keine Hilfe zu erwarten.

Aber wie denken Sie über diesen Fall?

> *Beispiel:* In einem Betrieb von mittlerer Größe, in dem noch jeder jeden kennt, verbreitet sich ganz langsam das Gerücht, daß ein Mitarbeiter über das Medium Internet Kontakt zur Kinderpornographie hat. Zwar ist man sich der Schwere des Gerüchts bewußt, doch trotzdem ist festzustellen, daß dem Betreffenden eine Mobbingreaktion entgegenschlägt. Die Distanz der Kollegen wird größer.

Glauben Sie, daß sich auch bei diesem Thema Kollegen finden werden, die dem Mobbingopfer ihre Hilfe anbieten? Wohl kaum. Natürlich ist das ein Extrembeispiel, aber es verdeutlicht doch umso anschaulicher, weshalb man das Thema nicht einfach außer acht lassen darf.

Stellen Sie sich bitte in einer deutschen Großstadt ein modernes Dienstleistungsunternehmen mit überwiegend jüngeren und hochqualifizierten Mitarbeitern vor. Sollte hier ein Mobbingfall aus Gründen der Ausländerfeindlichkeit auftreten, so ist die Situation mit Sicherheit ganz anders zu beurteilen als in dem Beispielfall mit dem Thema der Kinderpornographie. Mit aller Wahrscheinlichkeit würden sich die Mobber völlig outen und diejenigen, die das Mobbingopfer gegen die Mobber unterstützen, dürften angesichts des Themas und des Umfelds ein leichtes Spiel haben.

Fazit: Wenn Sie als Kollege aktiv gegen Mobbing vorgehen, müssen Sie damit rechnen, daß Sie sich nicht nur Freunde machen. Sie tun deshalb gut daran, mögliche Gefahren für sich selbst realistisch einzuschätzen und sich auf Anfeindungen vorzubereiten.

Welche Möglichkeiten Sie als Vorgesetzter haben

Bekanntlich gibt es Vorgesetzte, die selbst Mobbing betreiben. Das ist zwar für nachgeordnete Mitarbeiter ganz besonders schlimm, aber um so ein Mobbing zu unterbinden, braucht der Vorgesetzte ja nur einfach seine Finger davon zu lassen.

Desweiteren gibt es auch die Möglichkeit, daß der Vorgesetzte selber zum Mobbingopfer seitens seiner nachgeordneten Mitarbeiter wird. Wie bereits weiter vorne im Buch beschrieben, trifft so eine Aktion besonders häufig diejenigen Vorgesetzten, die neu in die Funktion eingerückt sind. Der Vorgesetzte befindet sich dann in der Opferrolle. Im Unterschied zu anderen Mobbingopfern kann er dann höchstens versuchen, seine Führungskompetenz gegen das Mobbing gegen sich selbst einzusetzen. In der Praxis ist das allerdings leichter gesagt als getan.

In diesem Kapitel geht es um die Frage, was Sie als Vorgesetzter tun können, wenn Sie als Unbeteiligter merken, daß nachgeordnete Mitarbeiter einen anderen Mitarbeiter mobben.

Und schon kommt die erste Vorfrage: Sind Sie überhaupt einer der Vorgesetzten, die so etwas bemerken würden? Wollen Sie so etwas überhaupt bemerken? Wie stellen Sie es denn an, daß Sie von derartigen Dingen in Ihrer Abteilung Wind bekommen?

Auch wenn diese Fragen etwas provokant wirken, so sind sie doch berechtigt. Es gibt ganz ohne Zweifel unzählige Vorgesetzte, die machen einfach die Augen zu, sobald sie ein Mobbing erleben. Natürlich liegt auf der Hand, daß ein derartiges Verhalten unter dem Gesichtspunkt der Führungsqualifikation katastrophal ist. Erstens ist es schlimm, daß nachgeordnete Mitarbeiter unter den Augen des Vorgesetzten mobben dürfen, und zweitens ist es schlimm für das Mobbingopfer, daß es keine Hilfestellung seitens des Vorgesetzten erfährt.

Dabei hat es im Normalfall gerade der Vorgesetzte sogar noch leichter als jeder andere, vom Mobbing seiner nachgeordneten Mitarbeiter etwas mitzubekommen. Das liegt daran, daß es zugleich eine der Aufgaben eines Vorgesetzten ist, seine Mitarbeiter zu führen. Das beinhaltet, daß er sich um die Belange des einzelnen und um die Belange seiner Abteilung zu kümmern hat.

Das heißt, er sollte nicht nur zu 100 % mit seiner fachlichen Arbeit zugedeckt sein. Zugleich bedeutet dieser Umstand aber auch, daß von einem Vorgesetzten geradezu erwartet werden kann, daß er über derartige Dinge wie Mobbing in Bezug auf seine nachgeordneten Mitarbeiter Bescheid weiß.

Andererseits haben Sie als Vorgesetzter aber auch eindeutig bessere Karten als derjenige, der lediglich als Kollege versucht, gegen eine Mobbingaktion aktiv zu werden.

> *Beispiel:* In einer großen Wirtschaftsprüferkanzlei sind sehr viele Schreibkräfte beschäftigt. Innerhalb dieser Gruppe von Mitarbeiterinnen wird eine Schreibkraft von einigen anderen seit geraumer Zeit gemobbt. Es gibt eine Bürovorsteherin, die schon bald Wind von der Sache bekommt.

Was würden Sie in der Rolle der Bürovorsteherin jetzt als erstes tun? Nein, nicht sofort die Mobberinnen zur Rede stellen!

Es ist erst einmal sehr viel besser, wenn die Bürovorsteherin sich möglichst unauffällig ganz genau über die gesamte Aktion und die daran Beteiligten informiert. Je besser der oder die Vorgesetzte im Vorwege ihren Kenntnisstand erlangt, desto weniger ist sie anschließend auf dubiose Anspielungen angewiesen!

PRAXIS TiP Reagieren Sie als Vorgesetzter niemals zu schnell! Es ist wichtig, daß Sie – möglichst viel aus eigener Anschauung – Informationen sammeln. Am besten ist, wenn die Mobber noch gar nichts davon ahnen, daß Sie sich als Vorgesetzter um die Sache kümmern.

In unserem Beispielfall wäre es für Sie als Bürovorsteherin von entscheidender Bedeutung, daß Sie sich über folgende Punkte genau informieren:

- Wer tritt als Mobber in Erscheinung?
- Wer ist das Mobbingopfer?
- Weshalb wird gemobbt?
- Welche Mobbingaktivitäten gibt es?
- Wird durch das Mobbing die Arbeitsleistung der Beteiligten beeinflußt?

- Wird durch die Mobber extra die Zusammenarbeit erschwert?
- Halten die Mobber fachliche Informationen absichtlich zurück?
- Hat das Mobbing bereits negative Folgen für das Mobbingopfer?
- Wirken sich die negativen Folgen beim Mobbingopfer auch auf die Arbeitsleistung des Mobbingopfers aus?

Im Normalfall wird es sehr schwer sein, in einem vertretbaren Zeitraum jede der vorgenannten Fragen sauber zu recherchieren. Zumindest sollten Sie sich als Vorgesetzte aber Gedanken zu jeder einzelnen Frage machen, denn daraus leiten sich auch ihre Reaktionsmöglichkeiten ab.

Im Beispielfall stellt sich für die Bürovorsteherin heraus, daß noch nicht mit Sicherheit gesagt werden kann, ob die Grenze von Klatsch und Tratsch zum Mobbing bereits überschritten ist. Sie kann nicht feststellen, daß die Arbeit an irgendeiner Stelle leidet, und die Zielperson für den Klatsch scheint sich auch noch nicht als Mobbingopfer zu fühlen.

In diesem Fall tut ein Vorgesetzter gut daran, die Angelegenheit durch eigenes Handeln nicht noch zu dramatisieren. Natürlich ist es aber ganz wichtig, daß Sie den Fall aufgreifen, damit die Beteiligten merken, daß Sie eine aufmerksame Vorgesetzte sind.

Als Reaktion reicht es aber völlig aus, wenn Sie bei Gelegenheit passende Bemerkungen dazu fallen lassen, daß der betreffende Klatsch aber nicht übertrieben werden darf, und es nicht das erste Mal wäre, daß aus Klatsch Ernst würde. Im Normalfall reicht es aus, wenn die betreffenden Mitarbeiterinnen merken, daß die Vorgesetzte aufmerksam geworden ist. Die Sache wird mit aller Wahrscheinlichkeit einschlafen.

Anders sieht es aber aus, wenn die Bürovorsteherin anhand des Fragenkataloges feststellen muß, daß eine ihrer

Mitarbeiterinnen ernsthaft gemobbt wird und die Arbeit an mehreren Stellen darunter leidet. Auch jetzt stehen noch zwei Alternativwege zur Verfügung:

Das Gespräch mit den Mobbern

Die Bürovorsteherin führt unter vier Augen sehr ernsthafte Personalgespräche mit den mobbenden Mitarbeiterinnen und macht ihnen klar, daß sie den gesamten Sachverhalt kennt und kein weiteres Mobbing dulden wird. Zugleich führt sie auch ein Gespräch mit dem Mobbingopfer und sagt diesem ganz klipp und klar, daß es mit der Hilfe der Vorgesetzten rechnen kann. Je nach Persönlichkeit und Auftreten der Vorgesetzten kann dieser Weg ausreichend sein, um dem Spuk ein Ende zu bereiten.

Wenn disziplinarische Maßnahmen erforderlich sind

Um auf das Mobbing zu reagieren, macht die Bürovorsteherin von härteren diziplinarischen Maßnahmen Gebrauch. Sie spricht Abmahnungen gegenüber den Mobbern wegen Gefährdung des Betriebsfriedens und schlechter Leistung aus, weil die Mobber die eigene Arbeitsleistung und die der anderen beeinträchtigt haben.

Zugleich erhalten die Mobber ein Schreiben, in dem sich die Vorgesetzte stellvertretend für den Arbeitgeber das Recht vorbehält, wegen der Störung der Arbeitsleistung Schadenersatzansprüche gegen die Mobber geltend zu machen. Zugleich führt die Vorgesetzte auch in dieser Alternative das Gespräch mit dem Mobbingopfer und gibt ihm Sicherheit.

Beide Wege sind vom Führungsstil her gänzlich verschieden. Dem einen direkten Vorgesetzten liegt mehr die eine Art, dem anderen mehr die andere. Hinzu kommt ja auch noch, welche Reaktionen in dem jeweiligen Betrieb üblich sind.

Fazit: Der direkte Vorgesetzte hat ideale Voraussetzungen, um gegen mobbende Mitarbeiter vorzugehen. Er hat aufgrund seiner Vorgesetztenfunktion die Möglichkeit, die beteiligten Mitarbeiter direkt anzusprechen und kann nötigenfalls sogar diziplinarische Maßnahmen ergreifen.

Warum bei Mobbing für den Vorgesetzten Handlungszwang herrscht

Mobbing ist schädlich für das Mobbingopfer und zugleich auch für den Betrieb. Aus der Sicht der mobbenden Mitarbeiter und des Mobbingopfers muß ein direkter Vorgesetzter bei Mobbing handeln, um seine Abteilung im Griff zu behalten.

Doch dasselbe gilt auch aus der Sicht des Betriebs: Um Schaden vom Betrieb abzuwenden, ist auch aus dieser Sichtweise der Vorgesetzte geradezu gezwungen, Mobbing überall dort zu unterbinden, wo er nur eben kann. Ein Vorgesetzter, der dieser Verpflichtung nicht nachkommt, verstößt seinerseits gegen seine Führungsaufgabe und damit zugleich auch gegen seine Arbeitsaufgabe, für die er bezahlt wird.

Es kann heutzutage auch keine Ausreden mehr für einen Vorgesetzten geben, daß er entweder von dem Mobbing nichts gewußt haben will oder der Ansicht gewesen sei, er müsse nicht reagieren. Beides ist Quatsch und kann heutzutage nicht mehr ernsthaft von einem Vorgesetzten vorgebracht werden.

Jedem Praktiker sind aber immer noch zur Genüge die Vorgesetzten bekannt, die der Meinung sind, Mobbing sei überhaupt kein ernsthaftes Thema, und deshalb brauche man sich darum auch nicht zu kümmern. Wahrscheinlich sind es gerade diese Vorgesetzten, bei denen besonders viel gemobbt wird.

Die Vorgesetzten haben aber mit Sicherheit eine Menge Erklärungen dafür, weshalb in jedem Einzelfall nur der Mitarbeiter die Schuld trage, der entweder zu häufig krank ist, im alkoholisierten Zustand seine Arbeit verrichtet oder das Arbeitsverhältnis gekündigt hat. Diese Vorgesetzten wollen dann tatsächlich nichts von der Möglichkeit wissen, daß jeder Einzelfall eine Folgewirkung eines Mobbings ist. Hier hilft dann nur Aufklärungsarbeit am Vorgesetzten, letztlich durch geeignete Schulungen.

Fazit: Ganz egal, aus welchem Blickwinkel man die Rolle des Vorgesetzten sieht, es besteht in jedem Fall ein Zwang des direkten Vorgesetzten, jedes Mobbing mit allen Mitteln zu unterbinden. Ansonsten ist er mitverantwortlich für den daraus resultierenden, persönlichen und betrieblichen Schaden.

Welche Möglichkeiten haben Sie als Chef?

Während in den beiden vorherigen Kapiteln Sie in Ihrer Rolle als direkte Vorgesetzte angesprochen wurden, geht es jetzt darum, welche Rolle der Chef – sei es nun die Betriebsleitung, Behördenleitung oder Geschäftsleitung – beim Mobbing spielen kann.

Sie wissen bereits, daß der direkte Vorgesetzte die Möglichkeit hat und sie auch wahrnehmen muß, über Mobbing im Kreise seiner nachgeordneten Mitarbeiter Bescheid zu wissen. Der direkte Vorgesetzte sollte jeden seiner Mitarbeiter gut kennen und so oft vor Ort sein, daß er selber merkt, wenn jemand mobbt bzw. gemobbt wird.

Anders dagegen beim Chef: Dieser kann ab einer gewissen Zahl von Mitarbeitern selbst unmöglich so viel vor Ort an den Arbeitsplätzen sein, daß er aus eigener Anschauung Mobbingaktivitäten registrieren kann. Trotzdem – oder gerade deswegen – ist es niemand anderes als der Chef, der den **Umgang mit Mobbing in seinem Hause bestimmt und vorlebt!**

Der Chef muß merken, wann Indizien in seinem Betrieb darauf hinweisen, daß es Mobbing geben könnte. Ist das der Fall, so hat der Chef natürlich noch mehr Reaktionsmöglichkeiten als der direkte Vorgesetzte. Das liegt nun einmal in der Natur der Sache.

Aber auch wenn er mehr Möglichkeiten hat, gegen das Mobbing insgesamt in seinem Betrieb vorzugehen, so ist die Vorgehensweise als solche auch für einen Chef nicht einfacher. Er darf sich dabei genauso wenig Fehler leisten wie der direkte Vorgesetzte. Wie würden Sie sich als Chef verhalten?

Die sanfte Maßnahme Nummer 1: Das Betriebsklima

Wenn Sie als Chef um die schädlichen Folgen des Mobbings für den einzelnen Mitarbeiter persönlich und in wirtschaftlicher Hinsicht für den Betrieb wissen, so steht am Anfang folgende Überlegung: Wenn Sie Mobbing in Ihrem Betrieb aktiv bekämpfen, so bindet dieser Kampf Mittel und Kräfte. Dabei handelt es sich dann um Mittel und Kräfte, die mit Sicherheit besser für den eigentlichen Betriebszweck eingesetzt würden.

Daraus folgt, daß es allemal besser ist, wenn Mobbing in Ihrem Betrieb erst gar nicht entsteht. Dann brauchen Sie anschließend auch nicht Maßnahmen dagegen zu ergreifen. Natürlich kommt jetzt die Frage: Wie verhindern Sie als Chef, daß Mobbing in Ihrem Betrieb entsteht?

Vorab ist klarzustellen: Es gibt überhaupt keine hundertprozentige Möglichkeit, zu verhindern, daß Mobbing im eigenen Betrieb entsteht. Aber alle Experten sind sich einig, daß es Möglichkeiten gibt, zumindest das Umfeld für Mobbing wesentlich zu erschweren. Und hierbei spielt das Betriebsklima die erste und entscheidende Rolle.

Was verstehen Sie unter Betriebsklima? Das Betriebsklima macht sich an allen Stellen eines Betriebes sichtbar. Wie das Betriebsklima beschaffen ist, erkennt man daran,

- wie der Chef mit seinen leitenden Mitarbeitern umgeht,
- wie der Vorgesetzte mit seinen Mitarbeitern umgeht,
- wie die Mitarbeiter untereinander oder miteinander umgehen,
- inwieweit sich die Mitarbeiter mit dem Betrieb identifizieren können,
- ob der Betrieb auf persönliche Belange eines Mitarbeiters eingehen kann,
- ob auch außerhalb der Arbeit die Mitarbeiter gemeinsame Aktivitäten unternehmen,
- wie hoch die Teilnahmequote der Mitarbeiter an außerbetrieblichen Aktivitäten ist,
- auf welche Art und Weise fachliche Probleme im Betrieb diskutiert werden,
- ob der Betriebsrat oder Personalrat eine positive Rolle zum Wohle der Mitarbeiter und des Betriebes spielt.

Jeder einzelne dieser Punkte stellt ein Indiz dafür dar, wie es um das Betriebsklima eines Betriebes bestellt ist. Der Begriff »Betriebsklima« hat übrigens nicht nur etwas damit zu tun, daß alle Betriebsangehörigen stets und immer freundlich miteinander umgehen, sondern es ist vor allem auch wichtig, wie Konflikte im Unternehmen gelöst werden. Nur wenn es dafür klare Spielregeln gibt, die sich an der Sachfrage orientieren und nicht persönliche Gewinner und Verlierer entstehen lassen, ist eine weitere wichtige Voraussetzung für ein gutes Betriebsklima geschaffen.

Wird in einem Betrieb von Seiten des Chefs bewußt auf ein gutes Betriebsklima Wert gelegt, so muß der Chef auch vorleben, daß er selber die Persönlichkeit seiner Mitarbeiter respektiert. Wenn Sie das als Chef tun, können Sie mit großer Sicherheit davon ausgehen, daß eine wesentliche Voraussetzung dafür geschaffen ist, daß sich die Mitarbeiter ebenfalls an die von Ihnen gesetzten und vorgelegten Spielregeln halten.

Fazit: Je besser das Betriebsklima – desto schwerer hat es Mobbing!

Die sanfte Maßnahme Nummer 2: »Das Ohr an der Schiene«

Wenn es die hohe Kunst der Personalführung ist, ein gutes Betriebsklima zu schaffen, dann gehört als »Sahnehäubchen« nur noch dazu, das »Ohr an der Schiene« zu haben. Mit diesem Begriff wird nichts anderes gesagt, als daß der Chef durch direkten Kontakt mit Mitarbeitern das jeweilige aktuelle Meinungsbild und die aktuelle Stimmung in seinem Unternehmen erkennt.

Übrigens hat das überhaupt nichts mit Spionage zu tun. Es geht nicht darum, daß der Chef »Informanten« hat, die ihm vertraulich »Informationen« zuspielen. Es geht auch nicht darum, daß der Chef die Überraschung oder die Unerfahrenheit eines bestimmten Mitarbeiters in einer bestimmten Situation ausnutzt, um ihn »auszuhorchen«. Es geht darum, daß ein guter Chef genug Menschenkenntnis besitzt, damit er die Informationen, die er aus der Mitarbeiterschaft erhält, auch richtig einschätzen und würdigen kann. Das bezieht sich natürlich nicht nur auf die Information, sondern auch auf die Person desjenigen, von dem die Information stammt.

Beispiel: In einem Industrieunternehmen nehmen der Geschäftsführer und ein älterer Mitarbeiter, der über dreißig Jahre im Betrieb ist, gemeinsam bei der örtlichen Industrie- und Handelskammer eine Ehrung entgegen. Am Rande der Veranstaltung schildert der Mitarbeiter seinem Geschäftsführer, daß nach seiner Auffassung eine gewisse Unzufriedenheit unter den Mitarbeitern des Betriebes zu beobachten sei, weil eine Reihe von jüngeren Vorgesetzten, die in den letzten Jahren eingestellt worden seien, deutliche Führungsschwäche zeigen. Hier tut der Geschäftsführer sicherlich gut daran, diesem Hinweis nachzugehen, und sich selbst eine Meinung darüber zu bilden, ob etwas an der Schilderung dran ist.

Für das »Ohr an der Schiene« ist also wichtig, wer etwas sagt und wie etwas gesagt wird. Sie dürfen an dieser Stelle ja schließlich nicht aus den Augen verlieren, daß es sich bei einer derartigen Information genauso gut um Mobbing handeln könnte!

Ab einer gewissen Betriebsgröße kann der Chef verständlicherweise nicht mehr einen persönlichen Kontakt zu jedem Mitarbeiter haben. Auch wenn es gut ist, wenn er es wenigstens schafft, möglichst zu Mitarbeitern aus verschiedenen Hierarchiestufen den Kontakt zu halten, so muß sich der Chef eines größeren Betriebes ganz überwiegend auf seine leitenden Mitarbeiter verlassen.

Die harten Maßnahmen

Natürlich haben Sie als Chef auch die Möglichkeit und das Recht, bei Mobbing in Ihrem Betrieb knallhart durchzugreifen! Sobald Sie sicher sind, welche Mitarbeiter an einem Mobbing beteiligt sind, können Sie diese im Rahmen Ihrer Disziplinargewalt zur Rede stellen. Das kann ruhig mit aller Deutlichkeit erfolgen.

Sie können den mobbenden Mitarbeiter zur Rede stellen und ihn auffordern, zu der ganzen Sache Stellung zu nehmen. Wenn sich dabei nicht herausstellen sollte, daß Sie komplett danebengegriffen haben und der Mitarbeiter nichts damit zu tun hat, so können Sie ihm anschließend in aller Deutlichkeit sagen, daß Sie sein Verhalten nicht tolerieren und er mit sofortiger Wirkung damit aufzuhören hat. Es kann gut sein, daß in einer Vielzahl von Mobbingfällen ein derartiges »Donnerwetter« seitens des Chefs dem Mobbing ein Ende bereitet.

PRAXIS TIP Wenn Sie als Chef oder Vorgesetzter ein derartiges Gespräch führen wollen, so gehen Sie nicht sofort zu hart ran, sondern versuchen Sie zuerst, möglichst viel von den Mitarbeitern selbst von dem Mobbing zu erfahren. Wenn der Mitarbeiter zu schnell »dicht« macht, gehen Ihnen sonst womöglich wertvolle Informationen verloren.

Wenn Sie sich auf diese Art und Weise die beteiligten Mobber »zur Brust nehmen«, so gehört dazu aber auch, daß Sie deren weiteres Verhalten nach den Gesprächen auch noch eine Zeitlang im Auge behalten. Sie können nicht davon ausgehen, daß das gesamte Mobbing durch Ihre Gespräche ein für allemal erledigt ist.

Es kann ja schließlich auch sein, daß die Mobber jetzt erst richtig aggressiv werden. Dann liegt ganz schnell die Argumentation seitens der Mobber nahe, daß Sie mit Ihrem Mobbing völlig richtig liegen. Denn das Mobbingopfer ist so »unkollegial«, daß es sogar den Chef einschaltet, um sich zu wehren.

Auch wenn nichts davon wahr ist, so hat dieser Gedankengang natürlich zur Folge, daß das Mobbingopfer erst recht nichts mehr zu lachen haben wird. Deshalb ist es wichtig, daß Sie als Chef oder Vorgesetzter nach einem solchen Gespräch die weitere Entwicklung verfolgen und eventuell noch einmal einschreiten.

Die Abmahnung

Wie nicht anders zu erwarten, gibt es auch beim Mobbing eine arbeitsrechtliche und damit juristische Seite. Aus der Sicht des Arbeitsrechts verletzt der Mobber seine arbeitsvertragliche Verpflichtung, alles zu unterlassen, was den Betriebsfrieden stört, ohne daß es von der Wahrnehmung berechtigter Interessen gedeckt ist. Ganz lapidar ausgedrückt: Ein Mitarbeiter wird dafür bezahlt, daß er arbeitet.

Der Mitarbeiter wird nicht dafür bezahlt, daß er mobbt. Tut er das trotzdem, so kann der Arbeitgeber von seinem Recht Gebrauch machen, durch eine Abmahnung den Mitarbeiter darauf hinzuweisen, daß dieser seine vertraglichen

Verpflichtungen verletzt hat. Zugleich muß der Arbeitgeber auch darauf hinweisen, daß er solche Vertragsverletzungen im Wiederholungsfall zum Anlaß nehmen wird, das Vertragsverhältnis zu beenden. Soweit der juristische Hintergrund. Wie sieht es in der Praxis aus?

> *Beispiel:* Ein Mitarbeiter ist dadurch als Mobber aufgefallen, weil er das Mobbingopfer ganz offensichtlich in dessen Arbeit behinderte. Für diese Behinderung liegen saubere Fakten mit Daten auf dem Tisch. Zudem ist bekannt, daß der Mitarbeiter mit anderen Kollegen darüber gesprochen und diese unter Hinweis auf private Lebensumstände des Mobbingopfers dazu aufgefordert hat, sich genauso zu verhalten.
>
> Die Geschäftsleitung beschließt daraufhin, diesem Mitarbeiter eine Abmahnung zu erteilen. Deswegen kommt es zu einem sehr ernsten Gespräch unter vier Augen zwischen dem Geschäftsführer und dem Mitarbeiter. In dem Gespräch macht der Geschäftsführer dem Mitarbeiter dessen Verhalten zum Vorwurf und endet damit, daß er lautstark äußert, ein derartiges Verhalten nicht noch einmal erleben zu wollen.

Nun die Frage an Sie: Ist der Mitarbeiter abgemahnt worden?

Um das richtig beantworten zu können, folgen zuerst die Voraussetzungen, die bei einer Abmahnung vorliegen müssen:

- Die Abmahnung sollte möglichst auch »Abmahnung« heißen.

- Die Abmahnung muß genau die Fakten bezeichnen, die dem Mitarbeiter als Vertragsverletzung vorgeworfen werden.
- Die Abmahnung muß klarstellen, was an dem Verhalten des Mitarbeiters falsch war.
- Die Abmahnung muß für den Wiederholungsfall eine Kündigungsandrohung enthalten.

Wenn Sie anhand dieser Voraussetzungen den Beispielfall überprüfen, so ist nichts davon gesagt, daß in dem Gespräch das Wort »Abmahnung« gefallen ist oder daß der Chef eine Kündigungsandrohung ausgesprochen hat. Doch letztlich käme es bei einer gerichtlichen Auseinandersetzung darauf an, welcher Gesprächsinhalt im Prozeß bewiesen werden könnte.

An dieser Stelle liegt nämlich ein Hauptproblem im Umgang mit Abmahnungen: Die Beweisbarkeit!

Es gibt kein Gesetz, nach dem eine Abmahnung schriftlich erteilt werden muß. Darüber herrscht in der Praxis eine große Unsicherheit, aber es bleibt dabei: Eine Abmahnung kann auch mündlich erteilt werden. Doch – wie gesagt – kommt es bei einem Rechtsstreit dann doch darauf an, ob die Voraussetzungen für eine Abmahnung überhaupt vorliegen. Dann ist die Situation natürlich wesentlich klarer, wenn eine Abmahnung in schriftlicher Form vorliegt.

PRAXIS TIP Sprechen Sie Abmahnungen immer schriftlich aus! Sie haben als Arbeitgeber sonst kaum eine Chance, das Vorliegen einer Abmahnung zu beweisen!

Wie sieht nun in der Praxis eine handfeste Abmahnung aus? Ein Muster dazu finden Sie auf der nächsten Seite.

Muster für eine Abmahnung

Sehr geehrter Herr Heihnson,

Sie haben am 6. Juni 1997 die Hausmitteilungen, die für den Mitarbeiter XYZ bestimmt waren, damit er an dem Projekt X 100 weiterarbeiten konnte, in Abwesenheit des Mitarbeiters XYZ von dessen Schreibtisch genommen und ihm nicht wieder ausgehändigt. Am folgenden Tag haben Sie in der Frühstückspause im Kollegenkreis von dieser Tat erzählt. Sie haben gesagt, daß Sie den Mitarbeiter XYZ schädigen wollten, weil dieser wohl in der falschen Partei sei.

Mit diesem Verhalten haben Sie gegen Ihre arbeitsvertragliche Verpflichtung verstoßen, den Betriebsfrieden nicht zu stören und dem Betrieb nicht vorsätzlich Schaden zuzufügen. Wir erteilen Ihnen deshalb eine

Abmahnung.

Im Wiederholungsfall müssen Sie mit arbeitsvertraglichen Konsequenzen bis hin zur Kündigung rechnen.

Sie erkennen, daß diese Abmahnung genau die vorgenannten Voraussetzungen enthält. Warum ist das so wichtig?

Der Mitarbeiter, der eine Abmahnung erhält, kann seinen Arbeitgeber vor dem Arbeitsgericht verklagen, damit dieser die Abmahnung wieder aus der Personalakte entfernt.

Im Klartext: Einer Ihrer Mitarbeiter hat gemobbt. Als Arbeitgeber erteilen Sie diesem Mitarbeiter eine schriftliche

Abmahnung. Daraufhin zieht der Mitarbeiter vor das Arbeitsgericht und erhebt Klage gegen Sie. Mit der Klage beantragt er, daß Sie verurteilt werden, die Abmahnung aus der Personalakte zu entfernen.

Was passiert dann im Prozeß?

Das Arbeitsgericht überprüft, ob überhaupt formell eine Abmahnung erteilt worden ist, und wenn ja, ob die Abmahnung zu Recht erteilt worden ist.

Achtung: Der Clou liegt darin, daß der Arbeitgeber vortragen und beweisen muß, daß er den Mitarbeiter korrekt abgemahnt hat. Das bedeutet, daß den Arbeitgeber die Beweispflicht trifft.

Kann der Arbeitgeber nicht den Beweis antreten, daß eine korrekte Abmahnung vorliegt, so verliert er den Prozeß und kann die Abmahnung »vergessen«. Deshalb ist es so wichtig, daß eine Abmahnung schriftlich ausgesprochen wird, weil auf diese Art und Weise der Beweis für das Vorliegen einer Abmahnung sehr leicht geführt werden kann. Die mündliche Abmahnung läßt sich dagegen erfahrungsgemäß gar nicht beweisen!

Warum die Abmahnung so wichtig ist

Die Abmahnung hat eine sehr wichtige Wahlfunktion. Sie soll dem Mitarbeiter deutlich machen, daß er mit dem Mobbing seinen Arbeitsvertrag verletzt hat. Sie soll ihm zugleich deutlich machen, daß er rausfliegt, wenn er das gleiche noch einmal macht.

Die Kündigung des Mobbers

Halten Sie beim Mobbing nichts von dem ernsthaften Gespräch? Halten Sie beim Mobbing nichts von der Abmahnung? Wollen Sie noch härter durchgreifen? Für diesen Fall besteht die Möglichkeit, das Arbeitsverhältnis seitens des Arbeitgebers gegenüber dem Mobber zu kündigen.

Beispiel: Ein Mitarbeiter hat nach allen Regeln der Kunst über mehrere Monate einen Mitarbeiter gemobbt. Das Mobbingopfer ist sowohl beruflich als auch privat durch das Mobbing erheblich angeschlagen. Durch das Mobbing herrscht eine erhebliche Unruhe in der betreffenden Abteilung. Alle wissen davon. Als der Chef davon erfährt, kündigt er sofort das Arbeitsverhältnis mit dem Mobber.

Jetzt kommt es darauf an: Nimmt der Mitarbeiter die Kündigung an und verläßt zum Beendigungszeitpunkt des Arbeitsverhältnisses den Betrieb, und unternimmt er im übrigen weiter gar nichts, dann hat der Arbeitgeber sein Ziel erreicht, und das Arbeitsverhältnis wurde durch seine Kündigung wirksam beendet.

Was geschieht aber, wenn der Mitarbeiter nach Zugang der Kündigung innerhalb von drei Wochen den Arbeitgeber vor dem Arbeitsgericht verklagt?

Antwort: Dann überprüft das Arbeitsgericht, ob durch die Kündigung das Arbeitsverhältnis tatsächlich beendet wird oder ob der Arbeitgeber den Mitarbeiter wieder weiter beschäftigen muß.

Praktiker wissen, daß sich der Anteil der Kündigungen, die vor dem Arbeitsgericht landen, in den letzten zwei Jahrzehnten vervielfacht hat. Meistens enden die Prozesse wie folgt: Der Arbeitgeber zahlt eine Abfindung an den Mitarbeiter, der dafür die Kündigung akzeptiert. Doch wie sieht es mit der Kündigung in unserem Beispielfall aus?

Es kommt darauf an, wie schwer das Verhalten des Mitarbeiters wiegt, der mit dem Mobbing gegen seinen Arbeitsvertrag verstoßen hat. Wenn das Mobbing ungewöhnlich aggressiv verläuft und zu einem großen persönlichen und betrieblichen Schaden führt, so kann eine fristlose Kündigung des Arbeitsverhältnisses durch den Arbeitgeber gerechtfertigt sein.

Andererseits ist der Normalfall, daß es sich bei einer Kündigung wegen Mobbings um eine sogenannte verhaltensbedingte Kündigung handelt, die nach der ständigen Rechtsprechung des Bundesarbeitsgerichts den vorherigen Ausspruch einer Abmahnung erfordert.

Im Klartext: Erst muß der Mobber einmal abgemahnt worden sein, bevor er im Wiederholungsfall 'rausfliegt.

> ***Beispiel:*** Ein Mitarbeiter mobbt mit den verschiedensten Mitteln einen Kollegen. Dieser Umstand ist allen im Betrieb bekannt, und schließlich erfährt auch der Chef davon. Er erteilt dem Mitarbeiter eine schriftliche Abmahnung und weist darauf hin, daß er ihn im Wiederholungsfall 'rauswerfen will. Trotz der Abmahnung kann der Mitarbeiter gar nicht anders: Nach einer kurzen Schonfrist mobbt er gnadenlos gegen den Kollegen weiter. Nunmehr kündigt der Arbeitgeber fristgemäß das Arbeitsverhältnis mit dem Mobber.

In diesem Beispielfall wird besonders die Warnfunktion der Abmahnung deutlich. Hätte sich der Mitarbeiter die Abmahnung zu Herzen genommen und das Mobbing unterlassen, so wäre es wohl nicht zur Kündigung gekommen. So aber hat die Kündigung große Chancen, vom Arbeitsgericht anerkannt zu werden. Das Gericht wird überprüfen, ob eine wirksame Abmahnung vorliegt. Da die Abmahnung hier schriftlich ausgesprochen wurde, kann der Arbeitgeber den Beweis dafür ganz locker antreten. Wenn sich jetzt auch noch herausstellt, daß der Mobbingvorwurf gerechtfertigt ist, so hat der Arbeitgeber gute Karten.

Das Gericht kommt in seinem Urteil zu dem Ergebnis, daß der Arbeitgeber die Kündigung zu Recht ausgesprochen hat und das Arbeitsverhältnis durch diese Kündigung beendet wurde. Natürlich bekommt der Mitarbeiter auch keine Abfindung.

Sie erkennen an diesem Beispielfall noch einmal, warum es so wichtig ist, daß eine Abmahnung schriftlich ausgesprochen wird. In den allermeisten Prozessen um verhaltensbedingte Kündigungen stehen die Arbeitgeber vor Gericht vor der peinlichen Frage, ob sie denn vor Ausspruch der Kündigung dem Arbeitnehmer auch eine Abmahnung erteilt haben. Die Arbeitgeber versuchen dann ihr Glück mit der Behauptung, es habe natürlich schon mehrere mündliche Abmahnungen gegeben. Tatsächlich gelingt es ihnen dann aber nicht, diese Abmahnungen vor Gericht auch zu beweisen. Entweder gibt es gar keine Zeugen, oder die Zeugen können sich nicht daran erinnern, daß tatsächlich von einer Abmahnung die Rede war und für den Wiederholungsfall die Kündigung angedroht wurde.

PRAXIS TIP Gehen Sie davon aus, daß zu einer wirksamen Kündigung wegen Mobbings der vorherige Ausspruch einer Abmahnung gehört.

Die Kündigung des Mobbingopfers

Selbstverständlich kann es auch passieren, daß ein Arbeitgeber einem Mobbingopfer gegenüber die Kündigung des Arbeitsverhältnisses ausspricht. Das hört sich zwar auf Anhieb erst einmal unverständlich an, ist aber ganz leicht zu erklären: Zum einen kann eine derartige Kündigung ihre Ursache darin haben, daß der Arbeitgeber selbst auf das Mobbing hereingefallen ist.

Die bösartigen Gerüchte, die die Grundlage des Mobbings bilden, sind in diesem Fall auch dem Arbeitgeber zu Ohren gekommen, und er hält sich daraufhin für berechtigt, daß Arbeitsverhältnis mit dem Mobbingopfer zu kündigen. Andererseits kann es aber auch sein, daß der Arbeitgeber dem Mobbingopfer kündigt, weil er nicht bereit ist, die schlechter werdende Arbeitsleistung des Mobbingopfers oder dessen häufige krankheitsbedingten Fehlzeiten in Kauf zu nehmen.

Auch hier gilt wieder das gleiche wie bei einer Kündigung des Arbeitsverhältnisses mit dem Mobber selbst: Wenn das Mobbingopfer die Kündigung akzeptiert und aus dem Arbeitsverhältnis ausscheidet, so kräht – zumindest juristisch gesehen – weiter kein Hahn der Sache nach. In beiden Fällen wäre übrigens die Wirkung auf die verbleibenden Mitarbeiter geradezu verheerend: Die Mobber hätten einen hundertprozentigen Sieg errungen, und die übrigen Mitarbeiter müssen das Gefühl haben, daß die Geschäftsleitung die Situation nicht durchblickt und das Unrecht auf diese Weise noch unterstützt hat.

Anders sieht es natürlich aus, wenn sich das Mobbingopfer gegen die Kündigung wehrt und vor das Arbeitsgericht zieht, um den Arbeitgeber zu verklagen. Auch in diesem Fall muß das Arbeitsgericht darüber entscheiden, ob die Kündigung rechtswirksam und das Arbeitsverhältnis durch die Kündigung beendet ist.

Wie geht das Arbeitsgericht vor?

Auch hier wird zunächst untersucht, welche Kündigungsgründe der Arbeitgeber vorträgt, die die Kündigung rechtfertigen. Wenn sich dann herausstellt, daß der Arbeitgeber sich auf Gerüchte verlassen hat, die er mit Sicherheit nicht beweisen kann und die zudem auch nichts mit dem Arbeitsverhältnis zu tun haben, so kann das Gericht die Kündigung nicht anerkennen. Entweder beschäftigt der Arbeitgeber dann das gekündigte Mobbingopfer wieder weiter, oder er zahlt diesem eine Abfindung, damit er die Kündigung trotzdem akzeptiert und das Arbeitsverhältnis beendet ist.

Beruft sich der Arbeitgeber dagegen auf die schlechte Arbeitsleistung des Mobbingopfers oder sonstige Auswirkungen auf das Arbeitsverhältnis mit dem Mobbingopfer, so muß er diese Fakten beweisen. Wenn ihm dieser Beweis gelingt, kann das Mobbingopfer dann seinerseits darauf hinweisen, wodurch – nämlich durch das Mobbing – diese Beeinträchtigungen des Arbeitsverhältnisses entstanden sind.

Das Gericht muß dann entscheiden, inwieweit dem Mobbingopfer dafür überhaupt eine Verantwortung trifft. Das Risiko für den Arbeitgeber ist hier sehr hoch. Man muß wohl eher damit rechnen, daß das Arbeitsgericht die Kündigung nicht anerkennt, weil der Mitarbeiter keine Schuld trägt, daß er Opfer des Mobbings geworden ist. Eher trifft den Arbeitgeber ein Vorwurf, daß er das Mobbing in seinem Betrieb nicht unterbunden hat.

PRAXIS TIP Eine wirksame Kündigung des Arbeitsverhältnisses mit dem Mobbingopfer durch den Arbeitgeber ist in der Praxis fast kaum vorstellbar. Dies setzt allerdings voraus, daß das Mobbingopfer noch die Kraft hat, die vom Arbeitgeber ihm gegenüber ausgesprochene Kündigung gerichtlich überprüfen zu lassen.

Achtung: Aus der Sicht des Mobbingopfers muß unbedingt beachtet werden, daß eine Kündigung vor einem Arbeitsgericht nur überprüft werden kann, wenn die Klage gegen die Kündigung innerhalb von drei Wochen nach Zugang der Kündigung eingereicht wird. Wenn diese Frist verpaßt wird, gibt es kaum noch eine Chance, die Kündigung zu kippen.

Wie Sie sich als Mobbingopfer zur Wehr setzen 8

Bewahren Sie Ruhe, auch wenn's schwerfällt 166

Lassen Sie sich nicht zur offenen Aggression hinreißen! 170

Die sanfte Entwaffnung 173

Wie geht es jetzt weiter? 174

Der lebensnotwendige Ausgleich für das Mobbingopfer 177

Was ist damit gemeint? 177

8 Wie Sie sich als Mobbingopfer zur Wehr setzen

Leider ist es überhaupt nicht damit getan, zu erkennen, daß man ein Mobbing gegen Sie betreibt. Erfahrungsgemäß ist der Schreck über diese Erkenntnis ohnehin erst einmal so groß, daß Sie als Mobbingopfer keinen klaren Gedanken fassen können.

Dabei kann es allerdings nicht bleiben. Deshalb nimmt nach einiger Zeit die Frage überhand, was kann ich als Mobbingopfer gegen das Mobbing tun? Wie kann ich mich wehren? Was kann ich unternehmen, damit mich die Mobber in Ruhe lassen?

PRAXiS TiP Vor allem ist wichtig, daß Sie sich bewußt machen, was Mobbing überhaupt ist, und welche Zusammenhänge es gibt. Denn nur wenn Sie nicht völlig im Dunkeln tappen und die Zusammenhänge erkennen, haben Sie als Mobbingopfer überhaupt die Chance, den »Kopf aus der Schlinge zu ziehen«.

Bewahren Sie Ruhe, auch wenn's schwerfällt

Ganz egal, welches Mobbing gegen Sie betrieben wird: Folgendes Verhalten ist immer falsch:

- Die spontane und unüberlegte Reaktion,
- die aggressive Gegenwehr,
- der laute und beleidigende Rundumschlag,
- die kopflosen Gegenanschuldigungen.

> *Beispiel:* Ein Mitarbeiter wird seit einigen Monaten derartig gemobbt, daß schon ernsthafte berufliche und private Auswirkungen bei ihm folgen. Als er wieder einmal während der Mittagspause in die Kantine einkehrt und sofort jedes Gespräch stirbt und alle Anwesenden ihn anstarren, verliert er den Kopf. Laut schreiend und gestikulierend schleudert er den Anwesenden seinen Frust entgegen. Dabei beleidigt er sie auf das übelste und fällt völlig aus der Rolle.

Natürlich ist die geschilderte Reaktion in diesem Beispielfall verständlich und nachvollziehbar. Aus menschlicher Sicht wird kein Außenstehender dem Mitarbeiter wegen dieses Ausrastens einen Vorwurf machen. Doch wie ist die Reaktion innerhalb des Betriebes?

Sie müssen bedenken, daß der Mitarbeiter hier als Mobbingopfer gehandelt hat. Das bedeutet, daß er nach Meinung seiner Kollegen weder in dem Betrieb noch in die Betriebsgemeinschaft paßt. Diese Meinung wird nach dem Zwischenfall in der Kantine nun auch noch voll und ganz bestätigt. Jeder, der den ausrastenden Mitarbeiter dabei erlebt hat, nimmt den Vorfall als Beweis dafür, daß der Mitarbeiter ausfallend und beleidigend ist und deshalb nicht in die Betriebsgemeinschaft paßt. Also haben die Mobber recht, und das Mobbingopfer hat sich einen Bärendienst erwiesen.

So schwer es auch fällt: Nichts ist für Sie als Mobbingopfer wichtiger, als die Ruhe zu bewahren. Zugegeben, nichts ist auch schwieriger. Aber nur, wenn Sie sich in Ruhe über Ihre eigene Situation klar werden, sind sie überhaupt in der Lage, irgendetwas gegen das Mobbing zu tun.

Haben Sie das Gefühl, Sie werden gemobbt, so beantworten Sie frühzeitig die Fragen in Checkliste 16 auf Seite 168 f.

Checkliste 16: Wenn Sie sich als Mobbingopfer fühlen

Haben Sie geprüft, ob es sich nur um harmlosen Klatsch handelt, der über Sie berichtet wird? ❏ Ja ❏ Nein

Ist es wirklich richtig, daß die Informationen über Sie ehrenrührig sind? ❏ Ja ❏ Nein

Haben Sie geprüft, ob Sie allein oder als Mitglied einer Gruppe gemobbt werden? ❏ Ja ❏ Nein

Läuft das Mobbing gegen Sie schon über einen längeren Zeitraum? ❏ Ja ❏ Nein

Geht das Mobbing von einem oder mehreren Kollegen aus dem Betrieb aus? ❏ Ja ❏ Nein

Haben Sie den Eindruck, daß Ihr Vorgesetzter Kenntnis von dem Mobbing gegen Sie hat? ❏ Ja ❏ Nein

Hat das Mobbing seinen Ursprung im privaten Bereich? ❏ Ja ❏ Nein

Ganz ehrlich: Ist an der Ursache für das Mobbing gegen Sie etwas dran? ❏ Ja ❏ Nein

> Wird durch das Mobbing bereits
> Ihre Arbeitsleistung beeinträchtigt? ❏ Ja ❏ Nein
>
> Haben Sie Kollegen im Betrieb,
> mit denen Sie vertrauensvoll über
> Ihre Situation sprechen können? ❏ Ja ❏ Nein
>
> Meinen Sie, daß Sie mit Ihrem
> Vorgesetzten vertrauensvoll über
> die Situation sprechen können? ❏ Ja ❏ Nein

Nur wenn Sie als Mobbingopfer die Antworten auf diese Fragen gründlich überlegen, können Sie anschließend Ansätze entwickeln, um etwas gegen das Mobbing zu tun. Es macht einen Riesenunterschied, ob die Ursache des Mobbings im privaten oder beruflichen Bereich liegt. Für den privaten Bereich gilt, daß er normalerweise im betrieblichen Alltag nichts zu suchen hat.

Es fällt deshalb sehr viel schwerer, als Mobbingopfer überhaupt darüber nachzudenken, woher sich die Mobber das Recht nehmen, Sie mit Behauptungen aus Ihrer Privatsphäre zu quälen. Es sind kaum Beispielfälle denkbar, in denen das Mobbingopfer durch eine Änderung der privaten Lebensumstände dem Mobbing ein Ende bereiten kann, ohne daß das Mobbingopfer letztlich den Schaden zu tragen hat.

Anders, wenn Sie aus beruflichen Gründen gemobbt werden: Hier ist die Frage nach dem Ursprung schon interessanter, und sie kann unter Umständen auch Lösungsmöglichkeiten zur Beendigung des Mobbings aufzeigen. So kann in Betracht kommen, die am Mobbing Beteiligten derartig im

Betrieb zu versetzen, daß zukünftig keine beruflichen Berührungspunkte mehr bestehen. Oder es kann auch in Betracht kommen, etwaige fachliche Defizite beim Mobbingopfer (oder auch bei den Mobbern!) auszugleichen, wenn man weiß, daß das Mobbing darin seinen Ursprung hat. Hier ist dann natürlich der qualifizierte Vorgesetzte gefragt.

Aber: Voraussetzung für solche Überlegungen ist immer, daß erst einmal in Ruhe über die Mobbingsituation nachgedacht wurde.

Bei den Vorüberlegungen, wie Sie als Mobbingopfer sich wehren können, spielt auch die Zeitfrage eine große Rolle. Genauso wenig, wie eine komplette Mobbingaktion an einem Tag entsteht, kann mit einer einzigen Reaktion von heute auf morgen das Mobbing erledigt werden. Die Erfahrung zeigt, daß Mobbing ein wachsender Prozeß ist. Aus einer kleinen und bösartigen Spitze gegen einen Kollegen wird durch das Spielballprinzip ein regelrechtes Treiben – eben das Mobbing. Und wenn erst einmal mehrere zugleich mobben, dann schaukeln sich diese ohnehin hoch.

Daraus folgt, daß Sie als Mobbingopfer Ihre Gegenwehr ebenfalls im Rahmen eines zeitlichen Ablaufes sehen sollten. Sie haben schon Erfolg, wenn das Mobbing gegen Sie langsam, aber stetig weniger wird. Es reicht vollkommen aus, wenn ein Mobber nach dem anderen aufhört, Sie zu mobben. Doch wie erreichen Sie das?

Lassen Sie sich nicht zur offenen Aggression hinreißen!

Finden Sie jemand überzeugend, der Ihnen gegenüber mit offener Aggression auftritt? Wohl kaum! Das gleiche gilt aber auch, wenn Sie als Mobbingopfer sich gegen Mobber wehren wollen.

Kommt von Ihnen jetzt der Einwand, das gelegentlich ein lautes und klares Wort zur richtigen Zeit Wunder wirken kann? Dem soll hier gar nicht widersprochen werden. Doch sind Sie wirklich sicher, daß Sie – vor allem wenn Sie sich in einer Opferrolle befinden – jederzeit die Beherrschung über das laute und knallharte Wort besitzen? Das wäre nämlich Voraussetzung, um nicht die Situation eskalieren zu lassen und den Mobbern noch weitere Argumente zu liefern, daß Sie eigentlich im Recht sind.

Ganz besonders schlimm ist es natürlich, wenn Sie als Mobbingopfer dermaßen in die Enge getrieben worden sind, daß Sie in einer Kurzschlußhandlung gegenüber einem oder mehreren Mobbern handgreiflich werden. Auch wenn die Vorstellung noch so gerecht sein mag, wenn Sie als geplagtes Mobbingopfer kurzerhand den Mobber ordentlich verprügeln, so werden Sie aber mit absoluter Sicherheit dem Mobbing gegen Sie kein Ende bereiten. Außerdem sollten Sie sich darauf einstellen, daß Sie sich einen neuen Arbeitsplatz suchen können, weil Ihr Arbeitgeber Ihnen kündigen wird.

PRAXIS TIP Achten Sie darauf, daß Sie sich bei einer Provokation durch einen Mobber nicht ereifern!

Nichts ist für einen Mobber schöner, als wenn ihm das Mobbingopfer auch noch den Gefallen tut, sich provozieren zu lassen und aus der Rolle zu fallen. Damit erhält der Mobber aus erster Quelle den Beweis dafür, daß er mit seiner Abneigung gegen das Mobbingopfer völlig recht hat.

Dabei sind es gerade die kleinen Sticheleien seitens des Mobbers, die Sie dann sehr leicht endgültig zur Weißglut treiben. Denken Sie nur an die Anspielungen aus der Privatsphäre, wenn das Mobbingopfer darunter zu leiden hat, daß die Mobber Gerüchte über delikate Einzelheiten aus dem Privatleben verbreiten. Es ist dann geradezu ein Kinderspiel, den Gerüchten weitere Nahrung hinzuzufügen.

> *Beispiel:* Ein Mitarbeiter wird zum Mobbingopfer, weil im Betrieb das Gerücht verbreitet wird, gegen ihn liefen staatliche Ermittlungen wegen Kindersex. Am meisten leidet der gemobbte Mitarbeiter während der Arbeitszeit darunter, daß irgendeiner der Mobber immer wieder eine Gelegenheit findet, eine Anspielung auf die angebliche sexuelle Neigung des Mitarbeiters zu machen.
> Es handelt sich dabei oft um Anspielungen, die zwar vom Wortlaut her ganz harmlos sind, aber ihre Unerträglichkeit dadurch gewinnen, wenn man das Wissen um das Gerücht hinzuzieht. Deshalb ist es für die Mobber ein großer Erfolg, wenn der Mitarbeiter angesichts einer derartigen Anspielung aus der Haut fährt, weil die Mitarbeiter darin den Beweis sehen, daß es sich nicht nur um ein Gerücht, sondern um bare Münze handelt.

Eine lautstarke und unkontrollierte Gegenwehr gegen das Mobbing hat letztlich auch noch den Nachteil, daß Sie in einem Rundumschlag auch Mitarbeiter beschimpfen und beleidigen, die nichts mit dem Mobbing zu tun haben. Das passiert dann, wenn Sie pauschal gegen alle Mitarbeiter oder gegen Gruppen von Mitarbeitern wettern, sich aber längst nicht jeder aus der Gruppe an dem Mobbing beteiligt hat.

Die Folge ist auch hier, daß Sie durch die Vorwürfe die Zahl Ihrer Freunde bei den unbeteiligten Mitarbeitern nicht gerade erhöhen und zum anderen, daß die tatsächlich Mobbenden sich vergnügt die Hände reiben können, weil Sie weiter in der Sympathiekurve nach unten fallen. Ergebnis: Die Mobber haben es wieder einmal geschafft!

Fazit: Versuchen Sie als Mobbingopfer, Aggressionen gegen die Mobber zu vermeiden! Wenn Sie aggressiv sind, müssen Sie damit rechnen, daß sich die Situation für Sie noch verschlimmert.

Die sanfte Entwaffnung

Wie lautet eine einfache Kriegslist? Wenn Du nicht willst, daß der Gegner Dich mit seinen Waffen schlägt, so beraube ihn seiner Waffen. Machen Sie sich dieses Prinzip auch beim Mobbing zu eigen! Entwaffnen Sie den Mobber! Aber wie?

Noch einmal eine kleine Vorüberlegung: Die Stärke des Mobbers liegt darin, daß er hinterrücks arbeitet und das Prinzip »alle gegen einen« ausnutzt.

Daraus folgt: Sie müssen möglichst einen Mobber nach dem anderen aus der Mobberfront herauslösen und für sich gewinnen. Sie sind auf dem richtigen Weg, wenn die Front erst einmal bröckelt.

Bei der Überlegung, wie Sie den einzelnen Mobber für sich gewinnen, wird viel Beherrschung und Disziplin von Ihnen als Mobbingopfer verlangt. Obwohl Sie eigentlich stinksauer auf den Mobber sind und ihn am liebsten verprügeln würden, bleibt Ihnen doch keine andere Wahl, als ihm die Hand zur Verständigung zu reichen.

Optimal ist, wenn Sie versuchen, mit dem Mobber ein Vier-Augen-Gespräch zu führen. Das ist deshalb wichtig, damit der Mobber die Möglichkeit hat, auf Sie zu reagieren, ohne sein Gesicht vor anderen zu verlieren. Leider wird diese einfache Erkenntnis nur zu oft außer acht gelassen. Der Gesprächspartner kann doch gar nicht auf Sie eingehen, wenn er seine Position mit Rücksicht auf andere Gesprächsbeteiligte nicht verlassen kann, um nicht unglaubwürdig zu werden.

In dem Gespräch muß in – möglichst ruhiger Atmosphäre – über das Mobbing gesprochen werden. Sie sollten weder Vorwürfe noch Anklagen erheben. Optimal ist, wenn Sie es schaffen, möglichst ruhig und sachlich, mit einfachen Worten den Sachverhalt aus Ihrer Sicht darzustellen. Dabei sollten Sie auch darauf hinweisen, inwieweit Sie durch das Mobben verletzt werden.

PRAXIS TiP Wenn Sie als Mobbingopfer ein derartiges Gespräch führen wollen, spielen Sie vorher in Gedanken einmal komplett das gesamte Gespräch durch. Verlassen Sie sich nicht darauf, daß Ihnen die richtigen Worte schon einfallen werden.

Wie geht es jetzt weiter?

Jetzt ist ganz besonders wichtig, daß Sie wissen, daß der Erfolg eines derartigen Gesprächs nicht davon abhängt, daß der Mobber klein beigibt und beteuert, nie mehr in seinem Leben mobben zu wollen! Leider scheint es hier aber ein weitverbreitetes Mißverständnis bei Mobbingopfern zu geben. Wenn man viele Gespräche mit Mobbingopfern in der Praxis geführt hat, so hört man immer wieder heraus, daß die Mobbingopfer es zwar geschafft haben, einen oder mehrere Mobber in Ruhe zu einem Vieraugengespräch zu bringen. Allerdings waren Sie dann nachher enttäuscht, wenn dieses Gespräch nicht gleich zu einem Erfolg führte. Dabei muß das gar nicht sein.

Es klingt eigentlich ganz einfach: Der hauptsächliche Zweck eines Vier-Augen-Gespräches zwischen Mobbingopfer und Mobber liegt darin, daß der Mobber merkt, daß es sich bei dem Mobbingopfer um einen Menschen wie Du und ich handelt. Er sollte ein Gefühl dafür kriegen, daß das Mobbingopfer auch nur jemand ist, der versucht, seine Arbeit zu tun und im übrigen nach seiner Vorstellung glücklich werden möchte. Wenn dieser Punkt erreicht ist, ist die Wahrscheinlichkeit sehr groß, daß der Mobber sich Gedanken über einen geordneten Rückzug macht.

Im Klartext: Durch das Vier-Augen-Gespräch muß erst beim Mobber etwas in Gang gesetzt werden. Es kann nicht einfach während des Gesprächs ein Hebel umgelegt werden. Vielmehr sollte es der Beginn eines Prozesses sein, während dessen der Mobber die Gemeinheit seines Handelns einsieht. Dabei muß ihm natürlich die Möglichkeit gelassen werden, diesen Umstand nicht in irgendeiner Art und Weise zugeben zu müssen. Wer glaubt, daß ein Mobber sich hinstellt und sagt: »Jawohl das war falsch, ich habe gemobbt, ich werde es nie mehr wieder tun!«, der irrt sich gewaltig. Deshalb sollte ein kluges Mobbingopfer auch gar nicht erst versuchen, so etwas bei einem Mobber zu erreichen.

Wenn der Mobber nun tatsächlich merkt, was er mit seinem Mobbing angerichtet hat und sich davon lösen möchte, ist die »sanfte Entwaffnung« aber immer noch nicht zu Ende. Denn jetzt braucht der Mobber selber noch Zeit und Gelegenheit, um einen geordneten Rückzug anzutreten. Auch das ist wieder nur allzu menschlich. Der Mobber, der womöglich monatelang andere aufgehetzt hat und häßliche Sachen über das Mobbingopfer verbreitete, muß ja auch an seinen schlechten Ruf bei seinen Kollegen denken.

Soweit sich so ein Vorgang in der Praxis überhaupt nachvollziehen läßt, scheint der Mobber sich Schritt für Schritt aus dem Mobbing zurückzuziehen. Er signalisiert somit nicht unbedingt den anderen, daß er umgedreht worden ist, sondern eher, daß er auf Dauer die Lust an dem Mobbing verloren hat. Erst jetzt hat das Mobbingopfer sein Ziel erreicht!

Natürlich kann es in der Praxis unzählige Varianten für eine derartige Gegenwehr eines Mobbingopfers geben. Wichtig ist aber, daß Sie einmal den grundliegenden Ablauf dieses Vorgangs kennengelernt haben. Denn nur, wenn Sie sich die einzelnen Schritte klar machen, können Sie die Reaktionen der Gegenseite einschätzen. Dabei ist fast noch wichtiger, daß Sie vor allem die Reaktionen, die nicht erfolgen, richtig einschätzen.

Im Klartext: Nicht gleich die Flinte ins Korn werfen, wenn nach einem ersten Gespräch nicht sofort jedes Mobbing unterbleibt.

Gibt es mehrere Mobber – was meistens der Fall sein wird – so müssen Sie als Mobbingopfer zwangsläufig auch mehrere der Vieraugengespräche mit jedem einzelnen der Mobber führen. Dabei ist wieder noch zusätzliches Fingerspitzengefühl gefragt, in welcher Reihenfolge Sie diese Gespräche führen und in wieweit Sie die Gespräche variieren. Beides kann von entscheidender Bedeutung sein.

PRAXIS TIP Es kann hilfreich sein, wenn Sie die ersten Gespräche inhaltlich nicht ganz so vollpacken, und erst einmal antesten, inwieweit Sie überhaupt an den jeweiligen Mobber »herankommen«.

Fazit: Nur mit Ruhe, Übersicht und schrittweisen Erfolgen ist es einem Mobbingopfer selbst möglich, ein Mobbing kleinzukriegen. Das individuelle Gespräch mit dem Mobber ist dabei der entscheidende Schlüssel zum Erfolg.

Der lebensnotwendige Ausgleich für das Mobbingopfer

Wer gemobbt wird, ist in einer extremen Situation. Nur so läßt sich erklären, warum der gemobbte Mitarbeiter beruflich und privat so schnell belastet ist. Es ist logisch, daß jeder Betroffene versucht, dieser Situation auszuweichen. Daher kommt es auch, daß so viele Mobbingopfer ernsthaft und langwierig erkranken. Andere Mobbingopfer suchen ihre Flucht im Alkohol. So weit muß es erst gar nicht kommen. Jeder Praktiker, der sich intensiv mit Fragen des Mobbings beschäftigt hat, hält folgenden Ratschlag parat: Achten Sie in dieser Phase ganz besonders darauf, daß Sie abgelenkt werden und auf andere Gedanken kommen. Nur so können Sie die notwendige Entspannung erzielen, um nicht durch den Druck den Kopf zu verlieren!

Was ist damit gemeint?

Nun, eigentlich ist die Sache ganz einfach: Durch verstärkte Freizeitbeschäftigung und intensives Engagement in irgendwelchen Bereichen außerhalb der Arbeit lenken Sie sich am besten ab. Durch diese Ablenkung wird in unglaublichem Maße der Druck, der auf Körper und Seele durch das Mobbing lastet, abgebaut. Dadurch stärken Sie sich zugleich, um die Situation im Betrieb und gegenüber dem Mobbing besser auszuhalten.

Noch wichtiger wird dieser Ausgleich, wenn Sie sich auch noch aktiv gegen das Mobbing wehren und womöglich gerade in der Phase befinden, in der Sie die Gespräche mit den Mobbern suchen und genau beobachten müssen, wie die weitere Situation abläuft. Jeder, der sich auch nur etwas mit Konfliktlösung und Gesprächsführung beschäftigt, weiß, wie unglaublich anstrengend Gespräche sind, die man als Betroffener mit jemandem führen muß, der einem gerade zum Betroffenen gemacht hat.

PRAXIS TiP Umso wichtiger ist es, gerade in dieser Phase dafür zu sorgen, daß man den Frust oder Streß, oder wie man das auch immer nennen will, abbauen kann. Und genau dafür eignen sich am besten sinnvolle Freizeitaktivitäten. Die Betonung liegt auf sinnvoll. Ganz besonders gut geeignet sind natürlich alle sportlichen Aktivitäten, weil dabei nicht nur der Kopf beschäftigt wird, sondern auch der Körper jede Menge Belastung abbauen kann.

Fazit: Gerade als Mobbingopfer muß ganz besonderer Wert auf einen privaten Freizeitausgleich gelegt werden, der geeignet ist, die Frustration und den Ärger abzubauen.

Wer eignet sich als Hilfe für das Mobbingopfer? 9

Die Hilfe durch den Kollegen 180

Die Hilfestellung durch den Betriebsrat 182

Die Hilfestellung durch den Vorgesetzten 183

Die Hilfe eines guten Freundes 185

Die Hilfe eines professionellen Beraters 185

Die Hilfe des Hausarztes 186

9 Wer eignet sich als Hilfe für das Mobbingopfer?

Es gibt Mobbingopfer, die igeln sich lieber ein und versuchen, alleine mit dem Mobbing fertigzuwerden. Andere Mobbingopfer dagegen sind dringend auf eine Hilfestellung durch Dritte angewiesen. Wenn Sie nicht genau wissen, wie Sie sich selbst verhalten sollen, so ist es sicherlich besser, wenn Sie sich vertrauensvoll an einen Dritten wenden können, der in der Lage ist, Ihnen zu helfen.

Innerhalb des Betriebes kommen dafür im Normalfall drei Personenkreise in Betracht, in denen Sie als Mobbingopfer eventuell einen Helfer finden können: Das können zum einen ein Kollege, zum anderen ein Mitglied des Betriebsrats/Personalrats oder der Vorgesetzte sein.

Außerhalb des Betriebs bieten sich Ihnen folgende Möglichkeiten: die Hilfe von Freunden, die Hilfe eines professionellen Beraters oder die Hilfe eines Arztes.

Die Hilfe durch den Kollegen

Wenn Sie als Mobbingopfer das Gefühl haben, Sie brauchen die Hilfe eines Dritten, so kann grundsätzlich erst einmal davon ausgegangen werden, daß jeder, der tatsächlich vertrauenswürdig ist, auch eine Hilfe darstellt. Es ist nicht richtig, wenn in der Diskussion um Mobbing behauptet wird, daß man einem Mobbingopfer raten muß, sich möglichst nur an einen Experten zu wenden.

Das erste Falsche an diesem Tip ist schon, daß es im Normalfall für ein bedrohtes Mobbingopfer fast unmöglich ist, in dieser Situation auch noch einen Experten zu finden. Zweitens spricht gegen diesen Tip, daß das Mobbingopfer in erster Linie die Hilfe eines Dritten deshalb braucht, um der Situation nicht alleine gegenüberzustehen. Genau in dieser Situation kann ein Kollege eine wertvolle Stütze sein.

Voraussetzung ist, daß Sie halbwegs sicher sein können, daß der Kollege nicht selbst zum Kreis der Mobber zählt und daß er vertrauenswürdig ist. Vertrauenswürdig heißt, daß der Kollege nicht gerade in dem Ruf stehen sollte, sofort jede Neuigkeit in allen möglichen Richtungen zu verbreiten.

Es schadet auch überhaupt nichts, wenn der Kollege, dem Sie sich gern anvertrauen wollen, schon über eine lange Betriebszugehörigkeit verfügt. Das hat zum Vorteil, daß er mit Sicherheit einiges über das Innenleben des Betriebes kennt. Vor dem Hintergrund dieser eigenen Erfahrung ist der Kollege dann umso besser in der Lage, sein Urteil abzugeben.

Erste Voraussetzung ist und bleibt allerdings, daß Sie selbst Vertrauen zum Kollegen haben. Lassen Sie es nicht einfach auf einen Versuch ankommen, wenn Sie nicht sicher sind, daß Sie tatsächlich Vertrauen haben können! Anderenfalls lassen Sie lieber die Hände davon.

PRAXIS TIP Lassen Sie auch nicht außer acht, zu welchem Zeitpunkt und bei welcher Gelegenheit Sie den Kollegen ins Vertrauen ziehen wollen. Sie müssen bedenken, daß auch dieses Gespräch für Sie vielleicht nicht ganz so einfach sein wird. Etwas Zeit sollte dafür schon zur Verfügung stehen. Auch sollten Sie überlegen, ob der Zeitpunkt für den Kollegen günstig ist. Wenn Sie zum Beispiel wissen, daß er nach Feierabend schnell nach Hause will, um noch rechtzeitig zum Fußballtraining kommen zu können, ist der Zeitpunkt sicherlich nicht so günstig.

Fazit: Es kann eine große Hilfe sein, wenn Sie als Mobbingopfer einen Kollegen, dem Sie vertrauen können, auf Ihre Situation ansprechen. Er kann unter Umständen ganz entscheidende Erklärungen und Hilfestellungen liefern, wie Sie dem bösen Spuk ein Ende bereiten können.

Die Hilfestellung durch den Betriebsrat

In der Mehrzahl der privaten Betriebe gibt es einen Betriebsrat, der sich um die Belange der Mitarbeiter unter Berücksichtigung der betrieblichen Erfordernisse zu kümmern hat. In Betrieben des öffentlichen Rechts heißt diese Institution Personalrat.

Sie werden wissen, daß es gute und schlechte Betriebsräte gibt. Es gibt Betriebsräte, die wirken tatsächlich zum Wohle der Mitarbeiter und des Betriebes. Es gibt aber auch Betriebsräte, deren Wirken schadet eher den Interessen der Mitarbeiter, als daß sie nützen.

Vorausgesetzt in Ihrem Betrieb gibt es einen Betriebsrat, dessen Mitglieder Ihnen auch bekannt sind, so sind diese grundsätzlich eine hervorragende Anlaufstation für Ihr Anliegen, wenn Sie als Mobbingopfer gern jemandem Dritten Ihr Herz ausschütten wollen.

Betriebsratmitglieder, die ihr Amt ernst nehmen, kennen heutzutage die Gefahren des Mobbings. So gibt es sogar eine Entscheidung des Bundesarbeitsgerichts wonach sich Betriebsratmitglieder sogar zum Thema Mobbing extra auf Kosten des Arbeitgebers schulen lassen können. Auch dieses Urteil läßt erkennen, welcher Stellenwert dem Mobbing und seinen schädlichen Auswirkungen heutzutage schon eingeräumt wird.

Wenn Sie zu einem Betriebsratmitglied ein ausreichendes Vertrauen haben und ihm Ihre Situation als Mobbingopfer schildern, so müssen Sie vorab bedenken, daß der Betriebsrat aufgrund seiner Funktion mehr Einflußmöglichkeiten hat als der wohlmeinende Kollege, an den Sie sich vielleicht auch wenden können. Während Ihnen der letztgenannte in erster Linie dadurch hilft, daß er Ihnen das Gefühl gibt, nicht alleine vor der Situation zu stehen, kann sich ein Betriebsrat quasi als Organ des Betriebs Ihrer Sache annehmen.

PRAXiS TiP Überlegen Sie sich vorher genau, ob Sie das auch wollen. Natürlich können Sie auch darum bitten, daß der Betriebsrat Sie lediglich berät und Ihnen Möglichkeiten der Problemlösung aufzeigt. Sie können ihn zugleich bitten, daß er die Sache nicht offiziell aufgreift und Sie so nicht die Kontrolle über das weitere Geschehen verlieren.

Andererseits kann es aber auch durchaus sinnvoll sein, daß sich der Betriebsrat mit den ihm zur Verfügung stehenden Mitteln mit der Mobbingaktion beschäftigt. So kann er zum Beispiel von sich aus Gespräche mit den Beteiligten führen und diese auffordern, das Mobbing zu unterlassen. Der Betriebsrat hat aber auch die Möglichkeit, sich an die Personalleitung oder die Geschäftsleitung zu wenden und zu verlangen, daß von dieser Seite gegen das Mobbing vorgegangen wird. Letztlich gilt aber: Ein guter Betriebsrat findet immer einen Weg, seinen Einfluß in einer derartigen Situation geltend zu machen. Ein schlechter Betriebsrat dagegen wird im Zweifel mehr schaden als nützen.

Fazit: Haben Sie als Mobbingopfer zu Ihrem Betriebsrat oder einzelnen Mitgliedern ein gutes Verhältnis, so ist es durchaus sinnvoll, diese einzuschalten. Achten Sie aber dauf, daß der Betriebsrat nur handelt, wenn Sie das auch wollen.

Die Hilfestellung durch den Vorgesetzten

Der Vorgesetzte hat seinerseits eigene Möglichkeiten, gegen Mobber vorzugehen. Das ist Teil seiner Führungsaufgabe und dafür hat er auch Disziplinargewalt.

Ob Sie als Mobbingopfer sich an Ihren Vorgesetzten wenden wollen, hängt einzig und allein von der Frage ab, welche Qualitäten Ihr Vorgesetzter hat, und ob Sie das Gefühl haben, ihm vertrauen zu können.

Vom Grundsatz her gibt es keine Bedenken, daß sich ein gemobbter Mitarbeiter, der sich sicher ist, daß er gemobbt wird, an seinen Vorgesetzten wendet. Schließlich ist es Aufgabe des Vorgesetzten, dafür zu sorgen, daß es in seinem Bereich kein Mobbing gibt.

Allerdings kann hier auch ganz offen gesagt werden, daß es ohne Zweifel Vorgesetzte gibt, die man besser nicht auf ein derartiges Thema ansprechen sollte. Das gilt zum Beispiel für diejenigen Vorgesetzten, von denen bekannt ist, daß sie kein Verständnis für die Schädlichkeit von Mobbing haben und im Zweifel das Mobbingopfer als den eigentlich Schuldigen ansehen. Hilfe ist dann von dort am allerwenigsten zu erwarten.

Haben Sie allerdings einen gesundes Vertrauensverhältnis zu Ihrem Vorgesetzten, und schätzen Sie seine Führungsqualitäten als ausreichend gut ein, so müssen Sie auch in diesem Fall wieder die Vorüberlegung anstellen, weshalb Sie Ihrem Vorgesetzten eigentlich Ihre Situation schildern wollen: Geht es nur darum, daß es Ihnen auf die Meinung des Vorgesetzten ankommt, oder wollen Sie auch, daß er seinerseits aktiv gegen die Mobber vorgeht?

Achtung: Unterschätzen Sie diese Fragestellung nicht. Wenn der Vorgesetzte von Ihrem Anliegen überzeugt ist, so müssen Sie damit rechnen, daß er in erheblichem Maße gegen die Mobber vorgeht und durchgreift. Es gibt dann kein Zurück mehr!

Fazit: Haben Sie als Mobbingopfer einen guten Vorgesetzten und zudem Vertrauen zu ihm, so ist es sinnvoll, ihn in geeigneter Weise über die Situation zu informieren. Allerdings ist es wichtig, daß Sie wissen, was Sie von ihm wollen: Geht es nur um seinen Rat, oder soll er selber eingreifen?

Die Hilfe eines guten Freundes

Ein guter Kollege im Betrieb kann für Sie dann eine Hilfe sein, wenn er vertrauenswürdig ist und Ihnen das Gefühl gibt, nicht alleine mit der Situation dazustehen. Das gleiche trifft auch für einen befreundeten Dritten zu, der nicht zugleich Mitarbeiter Ihres Betriebes ist. Auch hier ist wieder allererste Voraussetzung, daß Sie diesem Freund vertrauen können. Wenn Sie das bejahen, so kann es für Sie eine große Hilfe sein, wenn Sie sich auf diese Art und Weise bei Ihrem Freund aussprechen können.

Allerdings dürfen Sie nicht unbedingt von der Aussprache erwarten, daß Ihr Freund für Ihre Situation das Patentrezept aus der Tasche zieht. Dazu ist Mobbing ein viel zu kompliziertes Thema. Aber Sie werden trotzdem das Gefühl haben, daß das Gespräch Ihnen geholfen hat und vor allem: Sie haben nicht mehr das Gefühl, ganz alleine der Situation ausgeliefert zu sein!

Die Hilfe eines professionellen Beraters

Es gibt zunehmend Institutionen, die sich von ihrer Aufgabenstellung her mit dem Thema Mobbing befassen. Das können Selbsthilfegruppen sein, aber auch Einrichtungen von größeren Organisationen oder Wohlfahrtsverbänden. Es ist unmöglich, an dieser Stelle eine geschlossene Aufstellung dieser Anlaufstellen für das gesamte Verbreitungsgebiet aufzuführen. Allerdings ist es auch relativ leicht, den regionalen

Ansprechpartner über Auskunftsstellen oder Verbraucherverbände zu erfragen. Diese Institutionen haben den Vorteil, daß dort in der Regel geschulte Fachkräfte zum Thema Mobbing für Sie bereitstehen.

So können Sie als Mobbingopfer Ihr Anliegen vortragen und dürfen davon ausgehen, daß Sie qualifizierte Hinweise erhalten, wie Sie am besten weiter vorgehen. Nur eines können diese Institutionen nicht: Sie sind nicht in der Lage, direkt im Betrieb in die Situation einzugreifen. Dafür hat keine dieser Institutionen eine Berechtigung.

Die Hilfe des Hausarztes

Last but not least sollten Sie als Mobbingopfer auch Ihren Hausarzt informieren, wenn Sie von dem Mobbing bereits so stark betroffen sind, daß Sie unter gesundheitlichen Beschwerden leiden. Es macht dann überhaupt gar keinen Sinn, wenn Sie Ihrem Arzt verschweigen, worin Sie die Ursache für Ihre körperlichen Beschwerden zu sehen glauben. Genau das Gegenteil ist der Fall: Die Mediziner heutzutage wissen, wie schwer ein Mitarbeiter durch Mobbing in seiner Gesundheit getroffen werden kann. Wenn der Arzt von Ihnen einen Hinweis darauf erhält, daß Sie unter Mobbing leiden, ist er mit ziemlicher Sicherheit auch in der Lage, Ihnen weiterführende Hilfestellungen zu geben.

Fazit: Als Mobbingopfer können Sie niemals genug qualifizierte Hilfe bekommen. Scheuen Sie sich deshalb nicht, auch Freunde, Berater oder Ärzte außerhalb des Betriebes um Rat zu fragen, wenn Sie Vertrauen zu diesen Personen haben. Je mehr Hilfe Sie als Mobbingopfer erhalten, desto besser ist es.

Stichwortverzeichnis

Abmahnung 96, 133, 145, 153-160
Abteilungsleiter 12, 64 f., 68
Agitation, versteckte 20
Alkohol 19, 23, 30, 85, 102-107, 117, 125 f., 147, 177
Anmache, sexuelle 21, 37, 41 f.
Arbeitsgericht 65, 94, 109, 133, 156-163, 182
Arbeitsleistung 16, 18, 31, 51, 91, 97 f., 102, 104, 106, 117, 136, 143-145, 161 f., 169
Arbeitslosigkeit 18, 51
Arbeitsunfähigkeit 18
Ärger 5, 7 f., 178
Aussehen (des Opfers) 24, 28

Berater, professionelle 179 f., 185
Berufsleben 18, 86, 98
Betriebsklima 64, 89, 107, 111, 120, 133, 148-150
Betriebsrat 13, 15, 95, 149, 179 f., 182, 183

Ehrgeiz 12

Fehlentscheidungen 21, 33
Fehlzeiten 18, 105, 107, 110, 161
Feindbild 16
Freizeitverhalten 17, 24, 61, 101, 177 f.
Führungsqualitäten 13, 184
Führungswechsel 21, 37, 45

Geheimnis 21, 25 f., 28-30, 118
Gemobbte 8, 13, 15, 24, 108 f., 111, 116 f., 119-122, 135, 172, 177, 184
Gerücht 19, 28, 30 f., 35, 43 f., 47, 50, 52, 57 f., 61 f., 65, 71, 77 f., 87, 100 f., 119, 123, 127-131, 139 f., 161 f., 172
Gleichgültigkeit 20
Großbetrieb 51
Gruppenleiter 12, 40, 64 f.

Hausarzt 179, 186
Hilfestellungen 16, 117, 136-140, 142, 179 f., 182 f., 186
Hilfsbereitschaft 12, 48

Isolation 18, 28, 60, 79, 108
Isolierung 17, 21, 31, 49, 131, 135 f.

Klatsch 5, 7 f., 10 f., 22, 25, 44, 76-78, 129, 132, 135, 144, 168
Kommunikation 19, 90, 112
Konfliktsitutation 13, 15, 19 f.
Konkurrenzkampf 12
Krankheitsbild, typisches 85, 112 f.
Kündigung 85, 96, 109, 113-122, 125, 133, 155 f., 158-163

Lebensbedrohung 85, 123

Leistung 16, 24, 28, 31, 51, 61, 85, 87, 97, 99 f., 104, 114, 116 f., 130, 145
Leistungsabfall 85, 97-102, 114

Maßnahme, disziplinarische 133, 145 f.
Maßnahme, harte 133, 152
Maßnahme, sanfte 133, 148, 150
Mobber 5, 55 f., 63, 112, 119, 124, 127 f., 130, 134-136, 140 f., 143-145, 153 f., 158 f., 161, 166 f., 169-177, 181, 183 f.
Mobbing, Behörden- 21, 37, 51 f., 54
Mobbingopfer 5, 10-12, 16, 19-21, 31-34, 38, 49, 51, 53, 55, 57, 59, 63, 70, 72 f., 75-80, 82-85, 87, 90, 92, 97-100, 102 f., 105 f., 111 f., 116, 118 f., 123-126, 129, 131-146, 153 f., 158, 161-163, 165-184, 186
Mobbingsituationen 20, 45, 60, 72, 75, 78-81, 170, 182

Nationalität 24

Personalrat 53, 68, 95, 149, 180, 182
Privatleben 17, 24, 50, 123, 172

Rauschmittelmißbrauch 85, 102
Reiz 8, 85, 129-131
Rosenmontag 9 f.

Selbstmord 123-125
Sozialverhalten 18, 50, 108, 136
Stille Post 21, 30

Tratsch 10 f., 22, 129, 132, 135, 144

Umfeld, soziales 18

Vorgesetztenwechsel 31, 79, 99

Werdegang, beruflicher 24
Witze 10, 39

Band 66801

Was tun bei ...

H.-W. Vogel (Hrsg.)

Angst um den Job

Einer Umfrage zufolge haben mehr als 40 % der Deutschen Angst um ihre Stelle. Aus gutem Grund, denn die Unternehmer machen jetzt ernst: Wie nie zuvor werden Jobs wegrationalisiert oder abgebaut. Nicht nur die großen Firmen streichen Arbeitsplätze, auch in den mittleren und Kleinbetrieben regiert der Rotstift. Statt einer großzügigen Abfindung droht jetzt der knallharte Rauswurf.
Aber längst nicht jede Kündigung ist wirksam. Wie wehren Sie sich erfolgreich gegen eine Kündigung? Wie holen Sie bares Geld heraus? Wann ist ein Aufhebungsvertrag vorteilhaft, wo lauern dabei Fallstricke? Und wie gehen Sie am besten vor, wenn Sie von sich aus den Arbeitsplatz wechseln wollen?
Dieser Praxis-Ratgeber zeigt Ihnen, wie Sie jederzeit das Beste aus Ihrer Situation machen.

Band 66804

Was tun bei ...

H.-W. Vogel (Hrsg.)

Schulden

Gleichgültig, welchen Kredit Sie aufgenommen haben: Wenn es beruflich und privat gut läuft, ist es kein Problem, die Schulden zu tilgen. Gegen überraschende Schicksalsschläge ist aber niemand gefeit. Krisensituationen wie Arbeitsplatzverlust, Scheidung, Krankheit oder Pflegebedürftigkeit können katastrophale finanzielle Folgen haben.

Wenn das Geld für die Rückzahlung der Kredite fehlt, droht schnell eine verhängnisvolle Entwicklung: einigen Zahlungserinnerungen folgen Mahn- und Vollstreckungsbescheide, danach Besuche des Gerichtsvollziehers sowie Lohn- oder Kontopfändungen und im schlimmsten Fall die Zwangsversteigerung des Eigenheims.

Dieser Praxis-Ratgeber zeigt Ihnen, wie Sie rechtzeitig gegensteuern, was Sie mit Ihren Geldgebern am besten vereinbaren und wie Sie auch in kritischen Lebenslagen Ihre Finanzen jederzeit im Griff behalten.

Band 66805

Was tun bei ...

H.-W. Vogel (Hrsg.)

Ärger mit dem Finanzamt

Experten schätzen, daß jeder dritte Steuerbescheid der Finanzämter falsch ist. Im Klartext heißt das: Der Fiskus greift jedem dritten Steuerzahler zu tief ins Portemonnaie. Natürlich möchten auch Sie sich dieses Geld zurückholen. Egal, warum Sie sich gegen einen Steuerbescheid wehren wollen, Sie müssen immer wichtige Formalien und Fristen einhalten.
Wie gehen Sie dabei am besten vor? Was weiß das Finanzamt von Ihnen, welche Daten dürfen überhaupt verwertet werden, und wie reagieren Sie, wenn der Finanzbeamte an der Haustür klingelt? Wie entwerfen Sie die richtige Verhandlungsstrategie? Wie wirken sich Kontrollmitteilungen anderer Finanzämter aus? Wie verklagen Sie das Finanzamt?
Dieser Ratgeber gibt Ihnen handfeste und sofort umsetzbare Praxis-Tips, wie Sie Ihre Interessen als Steuerzahler in jeder Situation optimal durchsetzen. Damit Sie wirklich keine Mark Steuern zuviel bezahlen.

Band 66802

Was tun bei ...

H.-W. Vogel (Hrsg.)

Bankenärger

Egal, ob Sie ein Konto eröffnen, Geld anlegen, einen Ratenkredit aufnehmen, ein Haus finanzieren oder sich beruflich selbständig machen wollen: Von einem modernen Kreditinstitut können Sie einen effizienten Service, eine fundierte Beratung und kostengünstige Leistungsangebote erwarten. Die Praxis sieht oft aber ganz anders aus: Eine umfassende und individuelle Beratung ist Glückssache. Zu allem Überfluß sahnen Banken und Sparkassen bei Zinsen, Gebühren und Provisionen noch kräftig ab, lassen sich jeden Handschlag bezahlen und drehen ungeniert weiter an der Gebührenschraube.

Das müssen Sie sich nicht gefallen lassen! Lesen Sie in diesem Praxis-Ratgeber, wie Sie Bankgeschäfte am besten vorbereiten und erfolgreich führen, wie Sie die Kosten für die Kontoführung auf ein Minimum drücken, Kreditangebote richtig vergleichen, sich wirklich die besten Finanzierungskonditionen sichern – und Ihr Geld zurückbekommen.